向凤凰网原生营销研究院所有专家致敬，
向所有一起推动原生营销理念的行业领袖致敬

原生营销
再造生活场景

金定海 徐进 著

中国传媒大学出版社
·北京·

原生营销：探寻中国广告的更多可能

中国传媒大学教授、国家广告研究院院长　丁俊杰

一种事物，或者某个活动，甚至一个行业，一旦遇到困难或者困境，突围和破困是理所当然的举动。但突围有两种倾向：一种是真的突围；一种是假的突围。先说假的，明明产值下滑，却发明了一个正能量的词，叫"负增长"。我认为，这种发明，是抖机灵，是小聪明。增长就是增长，何来"负"的？现代人总以人们意想不到的方式破解困境，发明词汇就是一种。但我认为，这种"解困"方式是假的。

原生广告（包括原生营销）的探索，是广告界突破困境的真实之旅。不是玩概念，也不是玩假的，更不是玩虚的。

"原生"这个词，英文是Native，我不清楚谁最先提出的（本书中倒是有清晰明确的考证），但我觉得把这个词与广告业关联起来，特别有意义。它不止是一种广告新样式，也是广告范围的一种新扩展。以前，人们描述广告行业时，常常用"依附性"这个词来描述这个行业属性，这除了表明广告这个行业是服务性行业之外，也含有广告需要有内容可依附才能生存之意。从这一点来理解，传统的广告貌似与其服务的主体之间、与其需要传播的载体之间存在"寄生"的关系。

单就广告本身的创意和所要达成的效果而言，其实并无"原生"、"寄生"之分。所谓"原生"，无非是广告与媒体相互契合、融为一体；而我所指的"寄生"，是指某些广告看起来和媒体没有直接的关系，颇有寄生之感；而就广告与媒体的关系、与受众的接受程度而言，"原生"、"寄生"高下立盼。当内容与广告融为一体时，"原生"的命题也就自然成立了。

市场迅速增长，消费者日渐成熟，技术手段推陈出新……广告江湖的瞬息万变是有目共睹的。如何在变化的市场中寻求不变的真理——与消费者达成信息的共享与沟通，促进产品与服务的销售，提升品牌的美誉度和影响力，是中国乃至世界广告在成长中亟待解决的问题。而"原生营销"这一概念的提出，为我们在传统的广告、营销体系之外展现了一个新的思路。在过去漫长的岁月里，为何要将媒体单纯地看作一个渠道，而非可与之共荣辱的平台？未来，是否可以利用"场景"这一概念，让品牌在营销战场上继续大展拳脚？这些已经不是猜想，本书的探索，既是一种答案，也是一种提问。

我们在回望过去、展望未来的过程中，审视着过往因为种种原因造成的种种不足，也预见了因为原生和其他机遇而即将发生的种种变化。当下，我们站在传统广告的厚土上，更有底气向原生之地迈进，更有勇气去开拓、去创造、去赢得一切看似不可能的营销战役。

《原生营销：再造生活场景》一书所展现的，正是这样一种对既往的归纳和总结，对未来的期待和探索。它或许不尽完美，但它很有潜质成为广告江湖中的高深兵法。希望未来业界同仁在凤凰网的理论思考和实践探索的基础上继续深耕原生之理、践行原生之道，为中国广告探索更多的可能，让中国广告之梦绚丽地绽放于世界广告舞台之上。

下一个十年

凤凰网CEO、凤凰卫视COO、一点资讯董事长　刘爽

过去十年，凤凰网迅速崛起，在一场场非对称战役中迅速超越，并在世界主流证券交易所挂牌上市，开创了强势媒体分拆新媒体业务上市的先例。

未来十年，机遇与挑战并存。移动互联网广泛"入侵"普通人的生活，颠覆人们获取信息的方式，人们的视野逐渐从PC主导的单屏视界扩展到以手机为主屏的多屏视界。

下一个十年，是"内容"与"场景"交融的十年。内容始终是凤凰网的优势基因，并在角度、深度、高度、尺度、速度、广度各个层面不断得到加强。凤凰正在打造一系列下一代的、颠覆性的、将重新定义移动互联网资讯和内容消费的平台，这也是凤凰网钟情"原生"这一方法论体系的原因之一。更重要的是，凤凰网了解中国市场，了解本土消费者，有一大批优质、稳定用户的矢志不渝的支持。而凤凰，深谙这个群体的生活与场景，致力于把内容完美地融入他们的生活场景。凤凰网打通品牌"内容"与消费者"场景"之间信息不对称，帮助消费者建立"凤凰—品牌"之间的信任网络，以实现共赢的局面。

下一个十年，是"技术"和"情怀"平衡的十年。凤凰网始终秉承"中华情怀，全球视野，包容开放，进步力量"的媒体理念，为主流华人

提供互联网、移动互联网、视频跨平台整合无缝衔接的新媒体优质内容与服务。情怀诚然可贵，技术则让情怀落地生根。在其成长历程中，凤凰网兼顾技术与情怀，形成了独特的竞争力。"原生营销"的平台正是两者兼顾的方法体系，为品牌订制符合其本身调性与情怀的传播策略，以技术的逻辑将其融入消费者的生活场景，不仅提升了品牌的数字资产和溢价能力，也为品牌带来了真正的拥趸，这一效应将会是持续和延展的。

下一个十年，是"产品"与"服务"协作的十年。有了产品以后，还需要什么？对消费者而言，是基于"产品"的洞察服务。凤凰网的产品整合了自身、用户及众多专业媒体机构生产的内容，以图文、音视频等形式满足主流人群浏览、表达、交流、分享、娱乐、理财等多元化、个性化的诉求。这些内容还有选择地反向传输到凤凰卫视的电视平台，形成创新的网台联动组合传播模式，为互联网、移动互联网及视频用户提供丰富的内容与随时随地随身的服务。基于对产品、服务的深刻理解，凤凰网还与诸多品牌一道，秉持时代责任感，一起把脉产业变局，共商行业的突破发展，打造优质的原生内容。

在下一个十年的伊始，凤凰网携手上海师范大学金定海教授打造的《原生营销：再造生活场景》一书，既是对过去的总结，更是对未来的思考。我与金教授相识多年，在北京、上海、三亚、戛纳等中外各地、多个峰会数次相逢，教授的真知灼见给我留下了非常深刻的印象。而这本书，全面架构了具有中国特色的"原生营销"生态圈，在这个大数据的场景时代，从品牌到消费者，从媒介到渠道乃至产品设计、创意表现，宏局微观，深入浅出，字里行间，足见诚意。

未来已来，凤凰网将一如既往地心怀谦卑，虚心学习，以开放的心态与伙伴们合作共赢，共谱移动互联时代的精彩篇章。

于无声处觅生机

华谊嘉信联席总裁、迪思传媒集团董事长　黄小川

对于一个在公关行业打拼了二十余年的老兵而言，原生营销与公关传播有诸多契合之处，二者均有"润物细无声"之妙用。而对于公众而言，二者不但传递了有效、有用的信息，还促进了信息的新鲜化、多元化，确保受众可以获得最准确的真实信息，让沟通变得不那么生硬，让沟通环境变得更加纯净。

凤凰网引进了"原生广告"这一概念，进一步将其发展为"原生营销"，对于中国营销业同仁而言，这不啻为一个机遇。或许对于每个人而言，原生都有不同的意义，而其普适的一点在于所有的原生内容都是融于媒体的，它最大的价值也恰在于此——在借助媒体长久以来建立的公信力、影响力进行信息传播的同时，原生营销又提升了媒体本身的价值。此时，原生营销对于媒体来说，创新的原生内容将大大拉近媒体和受众的距离，扩大媒体的影响力和权威性。

长久以来，凤凰网积累了不少优秀的原生案例，这在书中也得到了充分的展现。相信这些案例不仅是诸多品牌借原生之力取得成功的明证，

也是诸多营销者可以学习、借鉴的典范。分享《原生营销：再造生活场景》，不仅是在回顾过往的辉煌，也是在探寻未来的营销机遇。

关于原生趋势，或许有人还有这样、那样的顾虑，而单就"此处无声胜有声"这一点来说，原生营销就有其独特的魅力。书中不少案例告诉我们，吸引消费者注意力并非依靠叫卖，而在于原生内容的分享价值，一种人性化的沟通、交流。进入消费者的生活，以消费者为中心，去思考、去制定相应的策略，才有可能真正打动消费者，为其所铭记，甚至被他们心甘情愿地再度多次传播。营销的未来，可能就是原生营销这样一种于无声处觅生机的不懈探索。

营销的未来在于整合、跨界

利欧数字网络总裁 郑晓东

当下,"大众创业、万众创新"这个提法自上而下,响遍整个中国,而此间不可忽略的关键一环正是互联网和移动互联网。单从创业、创新这个层面看,多少才俊根植于互联网和移动互联网,依托资本的力量和自身的智慧,打破不可能,创造了种种令人不可思议的可能。那么,对于数字营销这个行业,对于此间的从业者来说,这又意味着什么呢?

虽然市场快速变化,但这是一个最好的年代。随着互联网和移动互联网的普及,内容所带来的价值正在超越内容本身,内容即入口的时代即将来临。凤凰网所代表和所坚守的,正是内容这一中流砥柱。基于优质和稀缺的内容,营销的未来才有了更多可能。而谈到这一可能,绕不开这本书的主题——原生营销。

原生营销是内容和传播的高度整合,是传统和互联网的跨界,是营销的未来方向之一。凤凰网将"原生广告"这一概念引入中国,在此基础上发展出"原生营销",将其开枝散叶,用众多的优秀案例证明了自身过硬的素质。由凤凰网发起、创建的原生营销研究院,也在不断地提出相关理论，完善原生营销这一概念，夯实原生营销之基础。

诚然，在看似多变的市场环境中坚守原生营销并非易事。原生营销执行中相关事务的复杂程度可能远超传统广告，成本费用依然难谈低廉。然而，对于消费者乃至整个社会而言，原生营销有其特殊的意义，其公益性、社会价值可能是普通广告所无法企及的。与媒体的融合，对消费者的亲和……这些优势让原生营销在达成目标之外多了一些异样的风采。整合、跨界，原生营销正在突破旧路子，迈出新步伐。

你就是场景中的角色

中国广告协会学术委员会主任，上海师范大学教授、博导　金定海

数字传播时代难以避免信息过载。如何将信息整理为知识，将知识提炼为观点，将观点建构为思想，是十分困难的事。媒介诱惑，造成了极大的感知浪费。用户沉迷其中，难以自持，大量媒介内容在不经思考的编辑中被反复传递，大多数读者往往关注标题和浅层次的阅读，从而导致媒体资讯的重叠，让信息加速度冗余，反过来又推高了传播成本。

于是，我们陷入了传播的尴尬——

一方面，我们相信铁律：不传播，不存在；另一方面，我们不得不面对：传播，也未必存在，甚至大传播也收效甚微。

传播与效用的平衡，没有既定不变的路线可以简单复制。犹如置身游戏迷宫，各有各的走法。有人就在出口边，却自信天底下没有那么容易的事，于是放弃经验和体验，用程序和范式为导航，结果越走越黑；有人流落绝境，却相信找到出路不需要走遍所有的路，人的有限与路的无限是由场景决定的，依循场景的逻辑，往往能找到出口。

就传播而言，人是有限感知的生命，也是有限传播的主体。有限性，几乎决定了传播的所有隐秘。有限的传播主题，有限的媒介费用，有限的时空交集，有限的受众注意，有限的影响深度，有限的转化可能……能够

读懂传播的有限性,才能超越有限。超越有限,不是让人在传播中变得更麻木、更冷漠,而是充分利用场景的合理性,让人变得更自主、更自由。

在传播泛滥的前提上,媒介运筹需要有专业的理论和方法对传播进行创意加工和信息过滤。2011年,现任凤凰网总裁、一点资讯CEO的李亚带领凤凰网营销中心提出"新媒体、心营销"的内容营销理念。2013年2月,李亚在参加美国IAB(互动广告局)年度峰会期间,发表《数字营销的十大趋势》一文,将原生广告概念正式引入中国;随后,凤凰网将该理念应用于自身全媒体及内容营销实践,提出"原生广告 品效合一",推动原生广告在中国的发展。同年10月,现任凤凰网高级副总裁的徐进在加入凤凰网后不久,以原生营销替换原生广告,更全面地概括了凤凰网的内容营销理念与实践;其后,陆续经历了"原生营销 让广告走进生活"、"原生营销与生活传奇"等阶段,并结合行业发展不断进化,一直到如今的4.0版本——"原生营销 再造生活场景"。2014年5月,凤凰网创建原生营销研究院,进一步探索互联与移动互联的融合,在原生营销的基础上引入场景理论,形成了有效触达、精准传播、持续驱动的方法和工具,其核心在于解读人在不同场景中的心理原点,还原并策略性地重组利益发生机制和实现路径。

有没有发现,人,一定是场景性的存在,哪怕你一个人枯坐幽室或独行荒漠,你都脱逃不了场景对你的安排和规定,你就是场景中的一个角色,你在不同的场景中获得不同的命名和不同的关系。是静修者抑或遁世者?是挑战者抑或亡命者?不同的命名,自然就有不同的物理形式和心理内涵,就有相应的故事想象和原生诉求。

有没有发现?场景会自动调整人与媒介的关系,过滤信息,并且会有针对性地进行传播屏蔽,重构媒介关系。场景的时空关系决定了媒介关系——书房与花房，客厅与卧室，楼道与电梯，小区与街区，茶室与酒吧，超市与卖场，地铁与高铁，商圈与学府，新市与老镇，山城与江城，首府与边地……这些不同的场景不是所有媒介都能自由进入的，它们各自拥有不同的生活功能和文化属性，历史地生成了媒介经济的法则和触点关系的效应，最后决定着媒介的准入和信息的过滤。

有没有发现？在移动互联的介入下，场与景在渐渐分化、游离、逆转，场景原本一体的关系被手机解构了。在没有智能手机的情况下，场的物理属性与景的心理属性往往是相生相谐的，同时，媒介的触点安排也与场景的安排相匹配。媒介本质上是寄生于场景之中的，构成了场景的沟通装置。问题是，智能手机的到来，带来了一个巨大的改变，那就是传播的随身性。传播的随身性是手机造成的，手机几乎成了人的机械器官，极大地破坏了人与媒介既有的一切价值关系，手机可以渗入所有场景，并超越物理场的空间制约，建构场中之景、欲望之景。因此，如何通过场景的再造，通过对原生关系的捕捉和新的虚拟技术，适时或即时地再造场中之景，必然成为未来媒体竞争的焦点。

智能互联越来越随身，人与媒介的互动关系越来越紧密，不同的生活圈层中充满了越来越多的互联端点。在此技术前提下，场景的意义就会越来越凸显。场景绝对不是简单的空间形式，而是一种基于位置和搜索而产生的征询图景，融进了特定的价值关系和文化象征，即时提供圈层口碑和点评指数，并通过线上线下的虚实融合，重组故事，重设诱因，重构逻辑，重塑形象，生成新的消费感知，引发实时的消费行为。

任何时代都有自己的新媒体，重要的不是描述新媒体或者干掉老媒体，而是解读新媒体的人性深度，创意并善意地使用新媒体。

我相信，我们正在经历一个新的场景时代：移动中互动，互动中消费。

为什么是"原生营销"?

凤凰网高级副总裁、原生营销研究院院长　徐进

仅仅两年,300多个精彩案例,200多个行业大奖,近6亿元新增收入,原生营销一路走来,成绩斐然。这离不开凤凰人的努力,更离不开客户的支持。

作为原生营销中国市场最早的践行者,我们见证了这一营销体系的孕育、成长与收获,却每每会被客户的一个简单问题所困扰。

"原生营销"到底是什么?

在我用一个理论解释完定义之后,还需要用大量案例来辅助理解。久而久之,便萌发了把"概念"标准化的念头。

2014年5月7日,凤凰网原生营销研究院建立。一个非功利性平台,以专业化、学术化、国际化的视角,借助行业之力创造新模式,同时也为行业发展提供动力。研究院集业界巨擘之智慧,打通广告主与代理公司、数字与传统、媒介与创意、消费者与品牌之间的壁垒,从理论和模型的角度深入探讨"原生营销"的核心定义,并使其真正"模式化"。一个开放创新的平台,吸引了一批具有开拓思维的人,摸索总结出一套适应中国市场、兼容互联网思维的营销方法体系,并将其回馈社会,赢得了广告主、

第三方公司和友商的尊重，进而引发了同行的跟随和效仿。我想说，在共享经济的时代，原生营销研究院模式不仅是凤凰的，也是整个行业的，它在为营销圈带来新生力量的同时，也在为行业探索新模式提供指引。

原生营销不仅为凤凰赢得了荣誉，更为凤凰创造了区别以往的新的赢利模式。我想说，"凤凰"的原生最"原生"：

它是基于内容的。从"让广告走进生活"的原生营销2.0，我们把品牌作为一种相对硬性的指标放进去，把可阅读的内容呈现给用户；到原生3.0时代"原生营销与生活传奇"的进步，让消费能够与用户产生精神共鸣和价值认同，从而产生对品牌的认同；再到原生营销4.0"再造生活场景"，我们通过塑造适配全媒体的生活场景，让品牌自然融入用户的生活。凤凰网通过不断变革升级，创造了属于自己的"互联网+"营销传奇。

它是基于技术的。凤凰的"原生"是一个长期磨合试验的体系。它横向可以打通凤凰全媒体，包括凤凰网、凤凰新闻客户端、手机凤凰网、凤凰视频、凤凰FM、凤凰卫视、凤凰都市传媒、凤凰金融、《凤凰周刊》等，在塑造影响力的同时还能够衍生海量的UGC内容，产生新关系、新连接。它纵向还可以成为O2O入口，从浏览信息，到享受服务，到最终消费，形成品牌营销的闭环，如凤凰现车汇、李菊福测评、识装App等，都在O2O方面大胆创新并初现成果。

它是基于理论的。《原生营销：再造生活场景》一书，正是凤凰网"原生营销实践"的阶段性报告。这是一本"以人为中心"的书，兼顾理论和案例。"理论"是中立的探索与思考，而"案例"则是真实的体验与效果。在这里，我们洞察营销对象的易变，思考营销理念的变革，探讨营销方式的创新，尝试营销执行的改进，衡量营销评估的革新。

诚然，原生营销未来还有很长的路要走。作为一套系统化的体系，它不仅仅是推动企业盈利、产业升级的手段,也将是品牌服务大众、回馈社会的渠道。一如凤凰网原生营销的价值:一种非纯功利的人文关怀和精神。这世间,总有些价值超越功利和世俗,动人心弦。

在现今的营销快时代,真正的高效营销不仅仅要有爆点,更要可持续。在原生营销中,凤凰网帮助客户获取更多的用户,赢得更好的市场声誉和品牌影响力;而凤凰网始终带着一份社会责任感,通过融入生活的内容,在浮躁的行业中不忘初心、回归初心、坚守初心。

目 录

上编 原生·起点

第一章 一场正在发生的营销变革 / 003
  一、网赋人格：互联网时代的消费者行为学 / 004
  二、迭代更新：新旧媒体交融共生 / 007
  三、营销理念的转变 / 012
  四、广告原生：精致的内容永不过时 / 019

第二章 共同书写的营销法则 / 023
  一、情定原生：碎片化时代的营销观 / 024
  二、原生广告：内容营销的最高形态 / 029
  三、原生营销：互联网思维下的品牌营销3.0 / 034

第三章 关系重塑：消费者与品牌的对抗性合作 / 038
  一、信息屏障：消费者的无声抵抗 / 039
  二、平等互通：互联网思维下的消费者与品牌关系 / 045
  三、消费者体验：从认知到共鸣的转变 / 050

第四章　原生与品牌　/ 061
　　一、嬗变中的营销观：当消费者成为"生活者"　/ 062
　　二、重构媒体的营销价值　/ 065
　　三、效果评估的"量"与"质"　/ 082

下编　原生·未来

第五章　场景与故事　/ 089
　　一、场景：空间与情境的创设　/ 090
　　二、故事：打动人心的力量　/ 100
　　三、场和景：共生共枝　/ 111

第六章　场景营销，有温度的营销　/ 122
　　一、场景营销：从生活出发　/ 124
　　二、场景营销：定制品牌故事　/ 132
　　三、场景营销：颠覆传统营销模式　/ 135

第七章　再造生活场景、演绎品牌传奇　/ 141
　　一、场景营销很好，但还差了些什么？　/ 144
　　二、原生+场景，优化了什么？　/ 147
　　三、原生营销4.0　/ 150
　　四、原生营销的指标与效用　/ 155

第八章　原生营销，未来已来　/ 159
　　一、大势所趋：原生营销的爆发成长　/ 160
　　二、见微知著：原生营销的宏观趋势　/ 169

上 编
原生·起点

第一章　一场正在发生的营销变革

在非洲的岛国毛里求斯有一种卡法利亚树，树干挺拔坚硬，木质细腻，树冠秀美。最开始，这种树在岛上随处可见，可谓是岛上最醒目的植物明星。但随着人们对其砍伐行为的日益增多，这种树在岛上的数量急剧下降。人们发现，这种树的种子埋入泥土之后，无论怎么精心照料都无法发芽。经过许多研究人员的探索，人们终于发现，这种树的繁殖需要已经灭绝的鸟类——渡渡鸟的帮助。长久以来，卡法利亚树只依赖渡渡鸟的帮助来获得物种的繁衍机会。当渡渡鸟的数量开始减少，卡法利亚树依然凭借其惯性将渡渡鸟作为自己繁衍的重要伙伴，并最终让自己走进了生存发展的死胡同。这种生存状态，犹如品牌面临媒体变革时代的当今，只有时刻具备忧患意识，洞察市场新趋势，跟上时代潮流才能不落于人后。

一、网赋人格：互联网时代的消费者行为学

消费者变得越来越挑剔，变得越来越不听话，就像一个刚进入青春期的孩子，身上充满叛逆的气息。原来那些行之有效的沟通方式在这个叛逆的孩子面前通通变得不好用了。消费者是如何一步步发生变化的？这些变化将会带来哪些影响？我们应该采取哪些行动来适应消费者的变化？这些都是摆在我们眼前亟待解决的问题。

1."主动搜索"是消费的第一引擎

在中国互联网络信息中心（CNNIC）发布的《第36次中国互联网络发展状况统计报告》中，最新数据显示，截至2015年6月我国网民规模已经达到6.68亿人，互联网普及率为48.8%，较2014年年底增长0.9个百分点。在全部的网络应用中，搜索引擎凭借其高达6.06亿的用户规模和80.3%的网民使用率，稳居网络应用前三甲之列。毫无疑问，中国是当今世界最具发展潜力与经济活力的国家之一，在这个充满朝气的国家，绝大部分主流消费者都在使用搜索引擎来获取信息。可以说，中国已经进入了全民搜索的时代。

搜索引擎正在深刻地改变消费者信息获取的方式。过去，社会的信息流通渠道被牢牢攥在传统媒体手里，除了报纸、广播、电视这些传统媒体，消费者基本没有获取信息的其他渠道。面对有限的几种选择，大多数消费者虽然不情愿，但也只能被动接受。以电视为例，许多电视台为了增加广告收益，往往会在节目的间隙插播大量的商业广告。当观众正被男女主角的爱情故事感动得泪湿眼眶时，突然跳出几支广告，可想而知，观众此时会有怎样的反应。在这样一个过程中，塑造良好的消费者媒介体验根本无从谈起。

此外，传统媒体中流通的信息实际上都是经过媒体机构层层把关、"精心挑选"出来的。大部分媒体机构在挑选信息时都会选择在满足消费者信息需求的同时兼顾自身的价值取向与经营目标，而对这些目标的兼顾就意味着媒体上出现的信息不可能完全符合消费者的口味，其中必然有一部分信息是

消费者不愿意看而媒体不得不传达的。

互联网出现后，原本高枕无忧的传统媒体开始变得日子不那么好过了。原本稀缺的媒体资源与拥堵的传播渠道一瞬间获得了释放，人们在互联网上不仅可以找到传统媒体上固有的信息，而且还可以找到许多传统媒体之外的信息。

拥有海量信息既是互联网的优点，也是其缺点，搜索引擎则恰巧解决了这个麻烦。在搜索引擎的助力下，消费者的主观能动性被充分调动起来。无论何时何地，只需要在搜索框中输入感兴趣的关键字，轻轻点击一下搜索键，他们就可以轻松找到自己想要的东西。这也为品牌带来了全新的挑战，以往海量投放、被动轰炸的方式显然已逐渐失效，面对全新的信息获取方式，营销的节奏和策略必须改变。

2.瞬息万变的话语权制造

明明我的广告投放量巨大，为什么销售报表依然不好看？

明明我的TVC（电视广告影片）请到了国际巨星做代言，为什么传播效果依然平平？

明明我把产品的卖点都一一列了出来，为什么消费者还是提不起兴趣？

在互联网时代，整个消费市场的话语体系已经在悄然发生改变，做两个"小人偶"重复地喊一喊口号就可以让产品销量大涨的时代已经一去不复返，消费者的心思变得越来越难以捉摸。制作精良、海量投放的广告片收到的传播效果可能还不如"微博女王"一条不到140字的微博。传统媒体时代渠道争夺的营销战略核心已然改变，对于消费者心理的揣摩成为第一重心。同理，对于消费者而言，传播渠道的多样化使得他们选择时游刃有余。消费者掌握市场话语权的时代已真正到来，其受到压制的主观能动性也随之觉醒。

新媒体时代的消费者可以根据自己的兴趣点搜索信息，自主选择信息获取渠道，如果既有渠道不能提供令其满意的信息，他们便会用鼠标投出自己的一票。在这个消费者至上的时代背景下，能否成功地引起消费者兴趣并为其提供满意的信息成为一个关乎媒体与营销机构存亡的问题。生搬硬套的

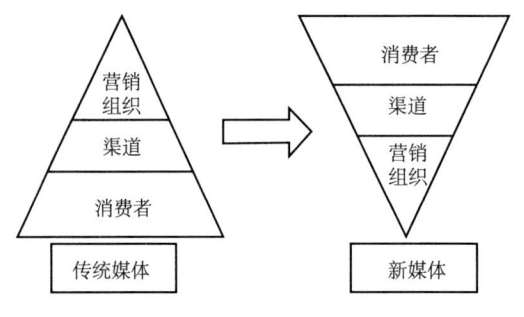

图1-1　传播媒体与新媒体模式对比

说教式营销再也行不通了,只有符合消费者兴趣点的信息才能获得广泛传播的机会。市场营销的信息传播过程不再遵循自上而下的模式,而改变为自下而上的溯源模式(如图1-1所示),原本强势的营销组织的地位由主动转为被动。

3.信息的量身定制

当消费者拥有获取信息的便利后,他们中的大多数不会就此满足,他们会想方设法追求更便利的产品和更优质的用户体验,而企业则会在利益最大化与竞争压力的驱使下不断满足消费者出现的新需求,这就成为推动整个消费者市场不断向前发展的核心动力。

面对互联网上纷繁复杂的信息,对于大部分消费者而言,即使可以熟练地使用搜索引擎,但要找到自己真正需要的信息依然是一件非常具有挑战性且费时费力的事情。毕竟他们不可能在每次吃饭前都先去网上把各家餐厅的顾客评论看一遍,消费者渴望有一种更加高效便捷的信息获取方式,一种在吃饭前就有人把口碑最好的餐厅推荐给他们的方式,这就是信息定制产生的深层原因。

"定制"这个词常常与"高级"搭配在一起,消费者只有在拥有足够多的资源的前提下,才能要求商家为其定制商品。在传统媒体时代,普通人是没有资格享受定制服务的,而互联网改变了这一规则。在网络中,消费者在现实生活中的地位阶梯被打破,变成了一个个均质化的IP地址。技术的革新也使得互联网公司提供个性化服务的成本大大降低。

信息定制目前有两种主要的形式:一种是消费者主动订阅相关内容,另一种是企业根据消费者的人口统计属性与兴趣主动推送。在第一种形式中,消费者根据自己平时的兴趣点预订某些信息,营销机构则根据消费者的订阅情况进行信息筛选与推送。在这一机制下,消费者可以对推送的信息进行粗略选择，但信息是否真的能满足消费者的需求，则要看营销机构对消费者心理的把控能力。在第二种形式中，消费者并不主动提供关于自身的信息，营销机构在选择信息时完全依靠消费者的网络轨迹进行预判。信息的量身定制要求企业对消费者有十分深入的了解，尤其是第二种类型的信息定制方式，在消费者没有主动提供自身信息的情况下，企业只能完全根据消费者在网络空间活动时留下的蛛丝马迹去猜测其到底对什么类型的信息感兴趣。

当消费者不主动提供自身的信息时，我们是不是就没有办法进行信息定制服务了？答案是否定的。首先，我们必须明确一点，消费者在网上实施的任何行为都会被忠实地记录。这些"脚印"会被浏览器以及各类软件所保留。营销组织要做的就是搜集这些数据，并加以分析，找到营销的突破口，在降低广告干扰的基础上争取消费者的好感。

目前在消费者分析方面有两种比较常见的方法：一种是根据消费者的行为数据对其进行分类，根据提取的关键词，推送对应的信息；另外一种是根据消费者的历史行为数据，建立模型，并根据不同模型之间的差异进行信息的挑选与推送。需要注意的一点是，这两种方法在适用性存在一定的差异，关联关键词适合瞬时性信息，而建立模型则适合较为持久的信息。

利用数据分析进行信息定制，虽然在某种程度上可以帮助营销组织在洞察消费者基本形态的基础上获得消费者的好感，但营销组织不应当过分依赖技术而忽视经理人自身的经验与判断。数据提供的只是消费者以往的信息，它只能帮助我们对过去进行一个明晰的梳理，并不能代表现实的真正发展方向。此外，消费者的心理状态由个人经历与瞬时情景两个因素所支配，个人经历是一个相对稳定的因素，但瞬时情景却可能瞬息万变。营销经理人需要根据自己的经验结合具体的情景作出判断。

二、迭代更新：新旧媒体交融共生

这是智慧的时代，这是愚蠢的时代；
这是信仰的时期，这是怀疑的时期；
这是光明的季节，这是黑暗的季节；

这是希望之春，这是失望之冬；

人们面前有着各样事物，人们面前一无所有；

人们正在直登天堂，人们正在直下地狱。

在这个新旧媒体相互交叠的时代，对各家媒体的从业者而言，有的人觉得自己遇到了希望之春，有的人则觉得自己正在经历失望之冬。是春天还是冬天，决定性因素并不是你所处的位置，而是你对互联网的态度。

1. 人人都是传播者

几年前，人们根本不会想到传播的门槛与成本可以降到现在这么低：只要拥有一个可以接收验证邮件的电子邮箱，一个普通的公民就可以在各大社交平台开启自己的传播之旅。

全民传播成了新媒体时代最为显著的一个标记，每个人都扮演着信息的传播者与接收者的双重角色。传统媒体时代的传播格局被一个个如雨后春笋般出现的社交媒体与门户网站打破。参与媒体的传播过程不再是社会精英独享的特权，普通人也可以翻身做主，成为媒体的主宰者。层出不穷的网络事件与此起彼伏的网络用语使人们意识到，草根群众的传播热情被调动起来后，媒体竟然可以变得这么有力。甚至在某些时候，媒体可以在法律之外代表社会公德与人民意志去影响社会的规则与进程。

图1-2　全民传播时代

新媒体时代，以微博、微信等社交网络为代表的新媒体让参与传播的门槛降低到了一台笔记本或一部智能手机的程度。只要愿意投入时间去打理且能拿出具有传播力的内容，大部分人都可做出一个影响力还不错的新媒体账号。大众传媒资源的稀缺性就此土崩瓦解，原来由少数精英团体所控制的传播渠道，开始重新回到普通大众的手中。任何人，无论其年纪大小、学历高低，都可以在这场全民狂欢中找到自己的一席之地。在人人传播的背景下，新媒体较之于传统媒体有许多值得我们注意的新特点、新趋势。

传播门槛的降低使得新媒体具有与传统媒体完全不同的传播模式。在传统媒体时代，信息是以报纸、广播、电视等媒体作为原点进行发散式传播的。接触到相同信息的受众之间缺乏高效的交流渠道，在很多情况下，信息的影响力在送达至受众后就戛然而止了。在这一模式下，受众难以在短时间内进行舆论聚合，有价值的信息所能产生的影响力十分有限。而在新媒体时代，以微信、微博为代表的媒介是完全开放的，电视台或报纸不再是传播网络的中心，去中心化的特质加上社交性的介入，使得信息传播变成了裂变的网状模式。每个人都可以成为传播的原点，传播过程中的传播者与受传者不再有明确的界限。在这样的传播模式下，各种信息以信息流的形式在人际网络中快速传播，并在短时间内形成足以撼动传统媒体的巨大影响力。

与传统媒体相比，人人参与的特质使得新媒体的经营目标和传播理念更趋多元，新媒体所关注的重点涉及社会生活的各个领域。任何传统媒体都会有其独特的传播目标与市场定位，各家媒体凭借自身的目标与定位进行信息的筛选与把关。一般情况下，严肃报纸上不会出现娱乐圈的花边新闻，时尚杂志中也不可能出现政治界的贿赂丑闻，各家媒体各司其职、互不干涉。但在新媒体中，这一媒体经营的基本规则被打破，任何信息都可以在新媒体中找到传播市场。打开新浪微博的页面我们可以发现，在话题热搜榜上娱乐新闻与政治事件可能同时出现，社会新闻与体育赛事可以上下相邻。作为全能型的媒体，新媒体可以将其影响力的触角伸向社会生活的每一个领域。

新媒体追求时效、开放的传播特质往往会导致消费者在信息接受上含混不清。在传统媒体时代，任何信息都由媒体从业者通过选题、采编、制作、审核等一系列流程层层把关、筛选而来。无论是报纸、广播或是电视，其版面的设计或节目的编排都按照一套标准化的流程进行，任何错误都会被视为一次严重的事故，并会被事后追责。正因为把关严格，传统媒体才能在受众中拥有强大的公信力。而在新媒体时代，新闻传播不再具有这种神圣的仪式感。追求时效性的特点必然要求新媒体对层层把关的流程进行简化，人人参与的特点使得网络上的信息变得格外嘈杂、真假难辨，任何人都可以在这趟浑水里踩上一脚，新媒体由此变成了一个真假信息相互杂糅的舆论场。信息的真实性无法保证，新媒体的公信力自然也就无从谈起。

2.传统媒体的转型挑战

整个媒体的生态圈正在经历一轮全新的洗牌。央视CTR媒介智讯的数据显示，从2011年到2015年，传统媒体广告花费的增长率分别为16.6%、1.5%、10.2%、－0.3%与－4.7%。

此外，据《中国传媒产业发展报告（2015）》显示，2014年网络广告收入首次超过电视广告（1,200亿），整体水平达1,500亿。众所周知，广告收入是一家媒体的主要收入之一，也是衡量一家媒体的运营是否平稳的主要依据，广告收入下滑，通常是因为媒体的运营方式出了问题。从以上几组数据中我们不难看出，传统媒体的转型迫在眉睫。

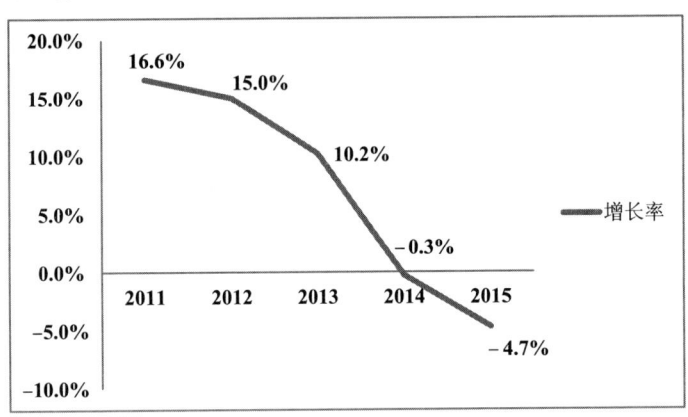

图1-3　传统媒体广告花费趋势

如何转型是摆在传统媒体从业者面前的巨大难题。传统媒体的传播载体和运营模式在时效性和受众参与度方面与新媒体相比存在先天缺陷，不可能像新媒体那样拥有随时随地、人人传播的特质。这两点的缺失是传统媒体近几年发展受阻的重要原因。

很多人会理所当然地想到缺什么补什么，既然缺乏时效性与参与度，那就在这两方面苦下功夫。由此，许多媒体开始在时效性方面做文章，甚至有的媒体直接在社交媒体上找新闻，稍加编辑后当成自己的独家内容进行发布。也有些媒体开始对节目进行改版，节目编排与节目内容完全根据受众的兴趣走，怎么引人注目怎么来，以此来吸引受众参与其中。这些措施看似能够争取受众的好感，实际上却只会使其在追逐所谓潮流的道路上逐渐迷失自己。就像我们之前所说到的，传统媒体的公信力是新媒体所无法取代的，这也是传统媒体在过去之所以得到受众认可的一个重要原因。无论出于何种考量，放弃公信力都是一个极其不明智的选择。

新媒体上信息虽然多，但质量普遍不高，许多文章对问题点到即止，缺乏深度。而深度与严谨正是传统媒体的强项与优势，也是其在新媒体围攻之下可以寻求的突破口。上海报业集团改革后所推出的澎湃新闻之所以能获得成功，就是因为它在追求时效性与参与度的同时没有降低信息的质量，由此守住了自身的公信力与受众的好感度。传统媒体需要改革，这一点是毋庸置疑的，这已然成为全体从业者的共识，但在改革的具体做法上却没有人能给出一个正确的方向。无论改革的方向是什么，进行到什么程度，各家媒体的从业人员都应该明确，信息的质量才是媒体生存的根本。

3.移动互联网助力新媒体

中国互联网络信息中心（CNNIC）发布的《第36次中国互联网络发展状况统计报告》显示，截至2015年6月，我国网民规模已经达到6.68亿，其中，使用手机上网的比例高达88.9%。移动互联网的普及将直接推动后互联网时代的到来。如果说新媒体对于传统媒体而言是一个颠覆者，那么移动互联网无疑又为这位颠覆者插上了一双隐形的翅膀。新媒体最大的特点是人人参与、实时互动，而移动互联网的加入则使新媒体在拥有前两个优势之外，还不受场景的限制，可随时随地传播。

在移动互联网出现之前，人们主要依靠个人PC端与宽带上网，一旦离开PC终端或宽带，就无法连接到网络。相对于手机和智能平板电脑而言，个人PC端通常相对较重，即使是最轻薄的笔记本电脑，消费者在随身携带的时候依然会觉得有诸多不便。同时，使用宽带的场景一般在室内，人们在室外通常无法使用宽带连接到互联网。在这一背景下，新媒体人人参与、实时互动的优点往往无法得到充分的利用。举例而言，一个网友在逛商场时偶遇突发事件，当他想拍照片发布微博时，却发现没有带电脑，附近也没有可用的宽带，因而只能作罢，一个原本可以引起网友热议的事件就此被扼杀在摇篮中。移动互联网的出现完全改变了这一状况。在移动互联网的助力下，人们可以摆脱场景的限制，做到随时随地传播。传播的机动性与效率也就得以大幅提升。

移动互联网的出现将直接推动后互联网时代的到来。"后互联网时代"是指以社群为基础的移动互联的普及，它以移动互联、社交网络的普及为代表，强调社群的概念，重视用户的连接，最终实现全新的互动体验。"前互联网时代"强调核心竞争力，"后互联网时代"则强调生态圈的构建，它是多方的、外延的。[①]在后互联网时代，新媒体的社交属性将得到进一步的强化，新媒体将有可能变成现实人际关系网络的一种复刻，人人传播的观念深入人心，全民记者将有可能成为现实。

三、营销理念的转变

在日常生活中，很多人都有这样的感受，那就是再昂贵的山珍海味也比不上妈妈亲手做的家常便饭。我们之所以偏爱家常便饭，并不是因为其味道真的好于山珍海味，而是因为母亲做的饭菜永远都是我们熟悉的味道。由熟悉感所带来的亲密与信任是其他任何东西所无法取代的。营销就是一个品牌与消费者交朋友并建立熟悉感的过程，带有情感的交流是营销与推销之间最本质的区别。

1. 亲密关系：营销的终极目标

营销的目的是什么？面对这个问题，大部分人给出的答案可能都逃不出以下两种：把产品卖出去，提高品牌知名度。诚然，这确实是市场营销最为基本也最为迫切的目的，毕竟广告主们投入大量资金去进行市场营销时，内

---

① 赵菁：《"后互联网时代"电视媒体的颠覆性创新与突破》，《内蒙古科技与经济》2014年第10期，第62页。

心期待的可不是一张毫无起色的销量报表。

但是，当以上两个目的达到时，销量与品牌知名度提高了之后，市场营销是不是可以就此打住了呢？答案是否定的。以宝洁为例，其旗下的子品牌在知名度方面基本算得上家喻户晓，产品销量也是居于高位且常年保持稳定。即便如此，宝洁依然每年投入巨额的资金去进行市场营销活动，其背后的驱动力值得我们深思。

图1-4　宝洁公司品牌地图

有人可能会认为，持续进行市场营销是出于竞争的需要。要想在竞争如此激烈的消费市场中拥有一席之地，就必须在宣传与营销方面下猛药。还有人可能会认为，持续保持品牌的曝光率是为了提醒消费者"别忘了还有我"。其实，市场营销本身就是一个通过营销手段与用户进行沟通并最终与之建立关系的过程，营销的终极目标是为了与消费者建立亲密关系。无论是与同类品牌竞争，以争取用户的好感度，还是通过持续曝光吸引用户的注意，都是在尝试建立并维持与用户的关系。在销售员间广为流传的一个说法是：一定要在节假日时给潜在用户发一条语气温和的祝福短信，这种行为也许在短时间内不会对用户是否购买产品产生实质性影响，却可以在潜移默化之间将销售员变成用户的朋友。也许用户现在没有需求，但在将来的某一天，当用户产生需求的时候，他第一个想到的会是那个曾经不间断地、逢年过节时给他发送祝福短信的人。

品牌与消费者之间的关系可以分为三种：认知型、熟知型与亲密型。在认知型关系中，消费者对品牌的认识仅仅停留在表层的符号阶段，知道品牌的商标与名称,知道该品牌所生产的是什么产品。停留在这一阶段的消费者对品牌并未形成足够的好感度,因此决定消费者是否会选择该品牌提供的产品或服务的首要因素,是相对外化的价格、外观、使用年限等。认知型关系并不是一种稳定的关系,消费者对品牌尚未产生信任感,任何一点细微的变动都可能使消费者改变选择,转而投向其他品牌。当品牌加大市场营销的力度与深度后,消费者就会在潜移默化间加深对品牌文化与品牌特性的了解,在脑海中形成相对稳定的品牌形象,并与品牌建立熟知型关系。处于这一阶段的消费者已经对品牌与产品形成了充分的信任感,消费习惯趋于稳定。熟知型关系是一种相对稳定的关系,在没有巨大变动的前提下,消费者一般不会轻易改变自己的消费习惯转投他家。亲密型关系是市场营销的终极目标,它是指消费者在市场营销行为的影响下,对品牌的文化和内涵产生强烈的认同,并愿意为这种强烈的认同感而改变自己原来的消费习惯与生活轨迹。亲密型关系的形成并不容易,而一旦形成就非常稳固,不会轻易受到外界因素的影响。亲密型关系建立的前提是消费者必须通过品牌的市场营销行为对其文化和内涵有充分的认识与理解,这就要求企业在进行市场营销活动时必须准确地传达。此外,要想引起消费者的强烈认同感,营销组织还必须在市场营销开始前就对消费者的心理进行深度的洞察,并全面挖掘品牌的文化内涵,找到两者之间的契合点。

  产品特性会对品牌与消费者之间的关系产生影响。一般情况下,我们可以按照产品对消费者生活的影响程度将其分为低度介入产品、中度介入产品与高度介入产品。低度介入产品一般价格较为低廉、使用时长有限,不会对消费者的生活状态产生影响。消费者在购买此类产品时不会提前投入时间去做额外的了解,在选购此类产品时具有非常大的随机性。中度介入产品一般价格相对较高或使用年限相对较长,会对消费者的生活产生一定的影响但程度有限。在购买此类产品时,大多数消费者会提前进行相关信息的收集,以期作出最明智的选择。高度介入产品一般来说价格十分昂贵或者会对消费者的生活状态产生重大影响,甚至改变其生活轨迹,消费者在购买此类产品前一般会对产品的使用年限、外观、功能、价格以及售后服务等相关信息进行了解,必要的时候还会征求周围人的意见。对于此类产品,大多数消费者都会采取相对谨慎的态度,在不确定产品是否值得购买前不会轻易作出决定。消费者在搜寻产品信息的过程中会逐渐加深自己对品牌文化和内涵的认知与理解,并产生强烈的认同感或排斥感。因此,介入度越高的产品越容易促使消费者认同其品牌文化,与之形成亲密关系。

同一产品对不同消费者而言,介入度存在一定的差异,我们需要根据具体情况进行甄别。举例而言,同样一台价值6,000元的智能手机,对于没有收入的学生群体而言,属于高度介入产品,而对于月收入过万元的中层白领,则属于中度介入产品。除了产品特性,企业的市场营销行为也会对品牌与消费者的关系产生影响。在多数情况下,品牌与消费者的关系并非由产品特性决定,而需企业通过市场营销行为加以塑造。以下,我们以东风日产"寻找未知的自己"营销案为例,分析品牌如何在进行市场营销活动时,在自身与消费者之间塑造亲密关系。

东风日产品牌为了拉近自己与年轻消费者之间的距离,改变品牌在消费者心中固有的形象,并让年轻消费者真实地感受到东风日产品牌的年轻与活力,联手凤凰网以"怒放年青,寻找未知"为主题,通过"寻找未知的自己"系列活动,搭建了一个展现自我的平台,希望借此与年轻人一同寻找理想和价值。活动通过年轻人关注、喜爱的内容融入他们的生活,利用漫威系列电影、H5、线上互动以及线下论坛等方式构建年轻人喜爱的生活场景,与年轻人进行深度沟通,激发他们更多创造的可能。 截止到2015年年底,活动总计带来10亿次的关注,45万年轻人深度参与活动。 在潜移默化之间,用户与品牌建立了稳固的亲密关系。

图1-5 东风日产"寻找未知的自己"

2. 从4P理论到SIVA理论

在传统媒体时代,消费市场中的话语权往往掌握在营销链上游的企业与零售商手中。凭借规模化的生产与网络化的大体量分销渠道,这些生产商与分销商在忽视消费者的情况下,依然可以保持可观的利润率。通常情况下,这些企业在制订营销方案与营销计划时,往往只从自身的需求出发,很少去考虑消费者的想法与诉求。在这一时期,以4P理论为代表的传统营销理论得到了许多营销组织的认同,许多理论甚至在市场环境已经大不相同的今天仍在使用。

传统营销理论最核心的一个要点就是如何把现有的产品通过市场营销的手段卖出去。在这一要点的基础上,这些营销理论在产品组合、价格制定、渠道选择、消费者劝服方面提供了许多有建设性的建议。市场营销专家、美国密西根大学教授杰罗姆·麦卡锡(E.Jerome McCarthy)在20世纪60年代提出的4P理论可谓其中的典型代表。作为市场营销的经典理论,它从产品(Product)、价格(Price)、渠道(Place)、促销(Promotion)这四个方面为企业提供了全方位的策略支持。

在产品策略部分,4P理论认为,企业的经营活动应以产品为核心,通过向消费者提供产品与服务的方式实现自身的经营目标。能否为消费者提供满足其需求的产品,成为企业能否实现盈利的关键。因此,4P理论强调企业在选择产品策略时应该结合市场的具体情况进行缜密的思考。例如,大部分成年女性购买面膜的频率为一个月1次,一个月的使用量大约为10片,那么商家在选择产品组合时就可以推出包含10片面膜的一月装,以此刺激销量上涨。关于价格策略,4P理论认为,价格制定是企业经营过程中非常重要的一个环节,也是市场营销中最为灵活的一个部分。价格策略的正确与否会直接决定企业的利润率,正确的定价策略可以为企业的经营铺平道路;反之,则会让企业失去市场。渠道策略主要是指企业在销售产品时所选择的分销渠道。对于大多数企业而言,它们一般不会直接将产品销售给消费者,而是通过各种分销渠道进行销售。4P理论认为,不同的分销渠道具有不同的特性,企业在选择时应该考虑到不同渠道之间的区别,并根据具体的产品与分销区域慎重地选择。当今社会,消费市场的竞争日益激烈,同一品类中往往会有多个功能与价格都相似的产品参与竞争。在这一背景下，4P理论认为，企业不仅要开发适销对路的产品，制定具有竞争力的价格和选择合理的分销渠道，而且还要及时有效地将产品信息传达给目标顾客，沟通生产者、经营者与消费者之间的联系，激发消费者的购买欲望和兴趣，进而满足其需求，促使其付诸购买行为。①

以4P为代表的传统市场营销理论往往从企业的视角出发对市场营销的各个要素进行全方位的概述，这些理论有一个共同的缺点——忽视消费者的主观能动性。在互联网出现之前，市场的方方面面都由营销组织与分销商把控，消费者在市场中处于相对弱势的地位。而互联网出现之后，随着个人PC终端与家庭互联网的普及，消费者对于信息的把控能力正在逐年上升，消费者开始通过互联网表达自己的个人想法与利益诉求。同时，电商的出现也使得原本居于垄断地位的分销商开始遭遇前所未有的挑战。与以前相比，营销机构和分销商已经不再强势。

理论是针对其所在的社会背景与现实问题所提出的解决对策。任何理论都有其时代局限性，如果无法与时俱进，那么该理论对于当下就不具备指导意义。4P理论已经历经半个世纪，当下的市场环境已经发生了天翻地覆的变化，市场需要新的理论来对企业的经营进行指导。

在这一背景下，美国西北大学的市场营销专家唐·舒尔茨（Don E. Schultz）博士于2005年在其发表的论文中正式提出SIVA理论。SIVA理论是一次对传统市场营销理论的颠覆，该理论认为，与传统时代的消费者相比，互联网时代的消费者具有更强的信息把控能力，市场的重心也随着信息控制权的变化而向消费者倾斜。在这一背景下，企业应该改变自己的营销思路，将消费者作为核心，围绕消费者开展自己的市场营销活动。舒尔茨博士将SIVA理论分为四个部分，分别是解决方案（Solution）、信息（Information）、价值（Value）与途径（Access）。

解决方案主要是指消费者在生活中会遇到各种各样的问题，而问题的背后往往隐藏着消费者的需求。企业要做的就是通过提供自身的产品与服务去

---

① 李贺：《理论视角下商业健身俱乐部的营销策略研究》，《体育科技文献通报》2012年第2期，第104页。

帮助消费者解决问题。在这一过程中，发现消费者需求是最难的一点，它要求企业具备深刻的洞察力。而信息则是说企业应该尽可能主动地为消费者提供其所需要的一切信息，包括产品的功能与价格、产品的实际使用情况与可供消费者选择的具体购买途径等，通过及时有效地提供信息来完成品牌接触点的管理。在价值部分，SIVA理论认为消费者通常会购买处于价值公允区域的产品，即感知成本与感知价值相当的产品。通常也只有处于价值公允区域的产品才会获得长久的生命力。企业要做的就是尽可能地降低消费者的感知成本并努力提高产品的感知价值，只有这样才能使企业保持长久的利润率。在途径部分，SIVA理论认为企业应该摒弃以往的渠道选择方式，以消费者的便利性作为首要考虑因素。举例而言，在我国的一、二线城市，终端零售系统相对发达，因而成为消费者的购物首选，在这类城市，企业应该将终端零售作为重要的产品体验和分销渠道，并辅以网络渠道。相对而言，在终端零售不太发达的三、四线城市，则应该将产品的分销渠道放到网络上，以此迎合消费者的购物习惯。

　　SIVA理论是对传统市场营销理论的颠覆。首先，SIVA理论改变了市场营销的核心议题。在以4P理论为代表的传统市场营销理论中，营销最为核心的议题是企业怎样将所生产的产品或提供的服务出售给消费者，而SIVA理论则强调企业要怎么做才能帮助消费者改善生活，解决他们在生活中面临的种种困难。其次，SIVA理论拥有深刻的市场洞察力，该理论认为在当前的市场环境下，消费者才是核心角色，他们可以自行决定消费行为，而企业则相对被动。再次，SIVA理论认为，企业若想要与消费者建立可持续的互利互惠关系，就必须将产品控制在价值公允区域内，即保证产品的感知成本与感知价值不会相差过大。以数码类产品的体验店为例，不同于传统的销售模式，如今的终端从设计布局到产品展示，甚至员工的培训，都力求在每一个细节为消费者提供轻松愉快的个性化购物体验，在达成交易之前先建立良好的沟通，让消费者对购物场景产生舒适感。

　　由此可见，作为互联网背景下所提出的市场营销理论，SIVA理论与4P理论相比，更具有现实意义。

四、广告原生：精致的内容永不过时

近35年以来，广告市场正在加速转型，我们可以将近35年的广告市场分成以下四个时期。一是1980年至1999年的传统媒体时代，在这一时期，广告的投放媒体以电视和报纸为主，媒体资源相对稀缺，广告仅仅是一个广而告之的过程。二是2000年至2009年的互联网媒体时代，门户网站成为广告市场的领军者，博客论坛繁荣，视频网站崛起。这一时期，互动广告成为广告界的新宠，CPC、CPM成为广告人挂在嘴边的口头禅。三是2010年至2014年的移动互联网时代，社交、新闻类App占领广告圈，移动互联网广告呈现井喷态势。四是2015年后，广告进入互联网+时代，新的营销技术层出不穷，虚拟与现实、线上与线下融为一体，消费者的体验不断加强，跨界与场景营销成为常态。作为一个时刻在发生变化的领域，广告界充满了不确定性。在这些不确定性的背后，有一点是永远不会变的，那就是具有洞察力的内容永远不会过时。

1.日渐式微的硬广告

硬广告是标准的广告界行业用语，在广告学中并没有相关理论对其进行明确界定。在《广告词典》里，硬广告的意思是"硬销售广告"，英文为"Hard-sell Advertising"，即"以销售服务为中心的广告，明确阐述自己的立场，宣传内容为产品本身及促销努力，意在激发消费者的购买欲望，并使这种欲望付诸实施"。如果从传媒的角度探讨硬广告的含义，是指在报纸、杂志、电视、广播四大传统媒体上所看到和听到的信息，包括那些产品宣传、价钱、作用、联系电话等，内容清晰明了，其位置是在专门的广告栏中，并以版面的大小和播出的时长计费。[1]可见，硬广告具有产品导向、意图明确、直截了当的特点。

在我们的日常生活中，硬广告几乎无处不在，它以各种各样的形式进入我们的生活。它可以是时尚杂志中突然出现的一整页香奈儿，也可以是电视剧进入高潮前突然出现的"小葵花课堂"，也有可能是逛街时陌生人突然塞

---

[1] 周哲、苏杰：《对硬广告与植入式广告的思考——以春晚中的植入式广告为例》，《新西部》2010年第10期，第113页。

给你的一张传单。硬广告最大的优点就是简单直接，不拐弯抹角，没有任何铺垫，也没有任何遮掩，直截了当地将自己的广告意图与广告诉求呈现在消费者面前。直白的广告语与直接的广告内容成为一支合格的硬广告的标配。使用硬广告进行宣传，品牌往往不用担心广告会引起消费者的误解。通常情况下，硬广告的诉求传达率也比以植入广告为代表的软广告要高。此外，硬广告的制作相对来说较为简单，不需要广告公司与品牌投入太多时间与精力去考虑消费者等相关的未知因素，只需将已知的产品信息与品牌诉求表达出来即可。凭借这两点，直截了当的硬广告曾经在相当长的一段时间内占据着媒体的广告位，成为品牌与广告公司提升销量的利器。

　　硬广告虽然有其存在的价值，但随着市场环境的日益改变与消费者地位的逐步提高，直截了当的硬广告的宣传效果日渐疲软。在移动互联网与智能移动设备出现以前，消费者也许还会被迫接受广告。但就现阶段的市场情况来看，智能设备为消费者提供了另一种可能，呆坐在电视机前看广告的消费者越来越少。一份调查显示，即使是专心看电视的观众，也有38%的人看到广告就切换频道，有51.9%的人会利用播放广告的时间休息。①从以上这组数据中不难看出，硬广告的效果正在减弱。

　　出现这一情况的首要原因是硬广告的作用机制具有天然干扰性。通常情况下，硬广告出现的位置大部分是媒体较为核心的位置，例如足球比赛的中场时间、娱乐节目的精彩部分以及电视剧的剧情高潮前。以电视广告为例，在电视剧的剧情进入白热化之时插播广告是许多电视台的惯例。这些硬广告在电视观众的情绪被剧情调动到最高峰的时候突然出现，冷冰冰地告诉那些情绪受挫的观众，夏天用某某品牌的蚊香最有效，孩子感冒的时候应该认准某某品牌的小儿退烧药。这种强烈的干扰性只会在打断消费者媒体体验的同时引起消费者的反感。即使以这样的方式插播广告确实会使一些认真观看电视内容的观众担心错过即将到来的内容而舍不得换台，但从上文的数据可知，这样的情况只是一小部分，绝大部分电视观众还是会在电视插播广告时义无反顾地换台或是做其他事。

---

① 王佳：《营销广告中如何变"硬广告"为软广告》，《现代营销（学苑版）》2012年第2期，第57页。

此外，硬广告的内容通常趋于简单化，以宣传某一特定的商品为主，提供相关的产品信息以求提高产品的销量。这样的广告往往难以引起消费者的共鸣。需要明确一点的是，广告与媒体上的其他信息具有相同的传播规律与传播特性。以新闻为例，选择性理论认为，受众在接触大众传播的新闻时并不是不加选择的，而是选择那些相对而言更具接近性的新闻。新闻的接近性包含以下两方面内容：一是地理上的接近。读者首先要知道自己周围发生的事情，因为本地发生的事情与他们生活有更直接的关系。在报纸发行范围内发生的事情，要比外地发生的、性质相似的事情更能引起读者的兴趣。二是心理上的接近。有些事情虽然发生在远方，但由于经济上、文化上、人事上有密切联系，远方发生的事情也会引起公众感情上、心理上的共鸣，"天涯若比邻"、报纸工作中"千山万水不隔心"，就是心理上接近的反映。广告的传播也同样适用这一理论，想要获得消费者的认可，就必须接近消费者。而硬广告在这一点上恰恰是有所欠缺的，由此不难理解，硬广告为何会变得越来越没有效果。

2.洞察是原生营销的前提

当消费者对无趣的硬广告不再买账时，品牌与广告公司都应该认识到，该好好考虑如何对消费者进行洞察了。是否可以拿出具有消费者洞察力的内容来引起消费者的共鸣，将成为新媒体时代市场营销能否取得成功的关键因素。正如前文中所提到的，新闻的传播需要在地缘与心理上接近消费者的情况下才能获得用户的更多关注。这一点同样适用于广告信息，在此，我们可以延伸出广告信息也必须与用户接近，才能取得更大的传播空间。否则广告就会变成品牌与广告公司的自说自话，难以与消费者形成有效的沟通。与新闻相似，这种接近可从地缘和心理两方面入手。

与消费者达成区域文化共同性，即通过包含消费者居住地的相关元素，引起消费者的好感与关注，继而引发其共鸣。这里的居住地既可以是消费者的现居地，也可以是消费者曾经住过的地方。一般而言，消费者会对与自身居住地有关的信息保持警觉与兴趣，品牌与广告商可以利用消费者的这一心理大打地缘牌，以加强消费者的认同感。此外，广告商还可以从消费者的心理入手，洞察其心理，找到其"痛点"，激发其认同感。通常而言，消费者的痛点往往是无法用言语表达的种种难题，或是一些无奈也无能为力的困境。例如工作中老板总是无休止地要求加班，却没有人提出异议；生活中去饭店吃饭，却害怕吃到地沟油。面对这些困境，大多数消费者虽然觉得不满，却不敢也不能提出其他意见，只能选择被动接受。广告商就是要帮助消费者讲出他们想说又不敢说或不能说的话，以此来刺激消费者的痛点，继而引发消费者的强烈认同。

图1-6　微软Surcafe Pro3 产品宣传

消费者洞察并不是一朝一夕就可以做好的事情，它要求企业对消费者要有十足的了解与认知，这需要企业在日常运营的过程中采取多种方式与消费者进行沟通。目前来说，快速了解消费者最为有效的方式就是通过消费者在互联网上留下的大量行为数据来发现营销的突破点。企业要做的就是想方设法找到这些数据，并通过高效挖掘，洞悉消费者的真正心理状态。这里需要注意的是，收集的数据并非越多越好，只有属性正确的数据才能帮助企业更好地了解其目标客户群。过多、过杂的数据反而会降低数据挖掘的精度与准确性，为企业后续的数据解读带来不利影响。除了消费者行为数据，企业还可以使用抽样调查、用户见面会、小规模试用活动等方式与消费者进行沟通。

在消费者洞察方面，微软Surface Pro3的推广便是一个不错的例子。这个名为"简亦人生"的策划案由微软和凤凰网合作进行。

在科技高速发展、电子设备泛滥的时代，一个消费者可能同时拥有数个电子设备。电子设备太多，人有可能反为设备所累。消费者渴望能拥有一种化繁为简、多屏合一的产品。正是抓住了这一消费者心理，凤凰网与微软合作开展了包括科技翻包调研在内的一系列营销活动，直击消费者的痛点，成功地将消费者的注意力吸引到了产品上。"人生无需繁杂、简单亦可精彩"的产品理念与消费者的心理需求不谋而合。成功的消费者洞察与精准的产品定位使得该营销案取得了良好的传播效果。

第二章　共同书写的营销法则

墨西哥东部生长着各类金合欢属灌木和掠夺成性的蚂蚁。多数金合欢长有荆棘和苦味的叶子，以及其他抵御外界伤害的防护"装备"。其中，巨刺金合欢(也叫"牛角相思树")与一种蚂蚁进化出了共生关系。巨刺金合欢进化出可供蚂蚁居住的防水巨刺，并为蚂蚁提供美味的蜜露，叶尖嫩苞也成为蚂蚁的食物。蚂蚁为了独占赖以生存的巨刺金合欢，会杀死或驱赶其他掠食者。蚂蚁学会了在巨刺里安家，日夜为金合欢巡逻放哨，攻击一切贪吃金合欢的生物，甚至剪除藤萝、树苗之类可能遮挡金合欢生长的入侵植物。金合欢也不用再依靠荆棘和苦味的叶子或其他措施保护自己，而是把这项任务交给了这种蚂蚁。蚂蚁的利益逐渐与金合欢的利益相融合，结盟成一种共生关系。自然界中类似的例子还有很多，个体的发展会遇到难以逾越的困境，只有组合起来才会活得更好。

人类社会的发展很多也需遵从这种自然界的共生法则，文章中即将为您讲述的原生营销正是广告主、媒体、消费者结盟的产物，是一套三方共同书写的营销法则。

一、情定原生：碎片化时代的营销观

1.日渐消逝的吸引

因为一句精美的广告词就购买一件产品的时代一去不复返。

改革开放初期，随着国民经济的不断增长，人们有了追求更高水平的物质、精神消费的意愿和能力，但由于信息技术发展还处于起步阶段，信息的传播速度相对迟缓，再加上地域的限制，报纸、收音机和电视中的广告成了人们获得消费信息的主要渠道，广告也自然而然地在这一时期承担起了指导消费和传递信息的角色。对广告信息的需求促使我国广告行业在这一时期得到蒸蒸日上的发展。国外的4A广告公司大批进入中国，带来了西方先进的应用技术和管理经验，本土大大小小的广告公司也如雨后春笋般涌现。一幅幅广告作品，一句句宣传口号，鼓动着消费者心中的购买欲，广告中塑造的形象更是深深感染和吸引着当时的消费者。

以可口可乐为例，可口可乐早期的宣传画面一直是摩登少女在喝着可口可乐，塑造的是一种时尚、潮流的形象。据传，当时年轻人谈恋爱，若有可口可乐压阵，成功率几近100%。

此外，"怕上火喝王老吉"、"新一代的选择"、"爱她就请她吃哈根达斯"等广告语也深入人心，对产品的销量起到了很好的带动作用。对生活和消费信息的需求使消费者逐步对广告产生了依赖。当时的广告似乎不需要太多创意就能吸引消费者，正如魔弹论所描述的，可以引起直接速效的反应，能够左右人们的态度和意见，甚至直接支配其行动。

图2-1 可口可乐早期海报

然而，随着互联网技术的发展，手机、电脑等通讯设备的普及，信息的传播逐渐突破报纸、电视等传统媒体的限制，打破地域局限，传播速度越来越快。消费者获取信息的渠道增多，广告在消费者生活和消费中的指导地位日渐被动摇。信息量的增加给了消费者更广阔的选择空间，并且可以通过对比作出理智判断，不再盲目相信广告宣传。特别是搜索引擎赋予消费者的主动搜索权，进一步弱化了广告的吸引力。对比中国互联网络信息中心（CNNIC）第十二、十三期的调查数据：经常浏览网络广告的占19.0%（12.4%），有时浏览的占49.0%（46.9%），很少浏览的占27.7%（34.7%），从来不浏览的占4.3%（6.0%）。

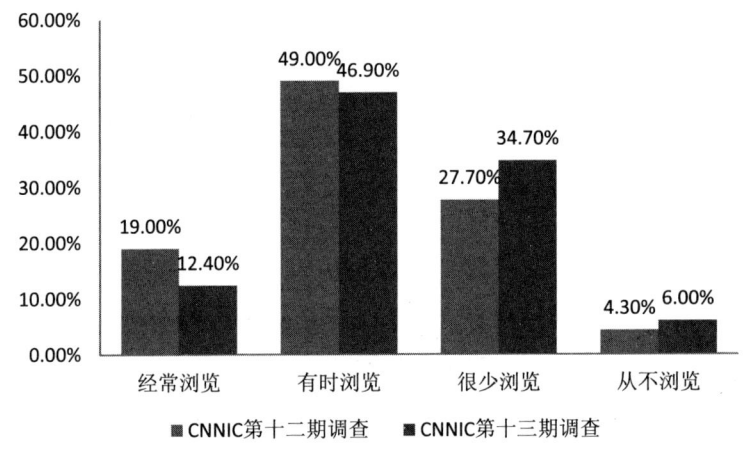

图2-2 CNNIC 第十二期和第十三期网络广告浏览情况调查

从中可知，经常浏览广告的人在减少，而很少浏览以及从来不浏览的人数却明显增加。数据进一步证明了广告对消费者的吸引力在逐渐下降，因为一句精美的广告词就购买产品的时代已经一去不复返了。

2.痴心不改的追逐

咦，我的广告对消费者好像没有那么大杀伤力了，一定是被别人家的广告吸引走了。不行，我要声音更大一点，把他们追回来！

广告主普遍认为，广告效果不好一定是广告宣传力度没有竞争对手大，想打造一个成功的品牌，就必须跟主要竞争对手拼广告声音的占有率。

信息技术的进步不仅给了消费者更多的信息获取渠道，更给了广告主广阔的吆喝天地。消费者之所至，广告信息如影随形。广告主与消费者上演着"你是风儿我是沙，缠缠绵绵到天涯"的追逐大戏。

互联网的普及为广告主带来了福音——成本低、覆盖面广、信息传播速度快，且精确性更高。从1994年10月美国《连线》（Wired）杂志网络版首次出现AT&T公司等14家客户的旗标广告开始[1]，互联网广告发展高歌猛进，Banner、弹窗广告(Pop-up Ads)、搜索关键字、视频贴片等广告类型层出

---

[1] http://www.new54.com/now.php.

不穷。广告资源的争夺战更是打得如火如荼。于是每次打开网页，广告铺天盖地，想看的内容被盖住，不想看的关不掉，只能一声叹息后连网页一起关掉，不由得只想找个地方静一静。

人们曾经为互联网视频的出现而欢呼，因为再也不用怕错过喜欢的电视剧而提前很久守在电视机前看广告，不用到精彩部分被"广告之后更精彩"干扰得有想打人的冲动。直到有一天，我们像往常一样打开一段喜欢的视频，却发现多了一条甩不掉的贴片广告，后来，广告慢慢由一条变为两条！三条！！想象一下，当你想看一段10秒钟的NBA精彩片断剪辑（只是10秒钟而已），却要先忍受30秒的广告时，会是怎样一种心情？然而，令人崩溃的还远不止于此，当你默默忍过了贴片广告之后，却意外地发现视频当中也被插入了广告！这和看电视有什么区别嘛，看电视还可以用换台来表示不满，这里除了关掉页面，只能任它播放完毕，心中不免喷发无名怒火……挤进了广告的网络空间正变得越来越拥挤，影响网民的上网体验。

然而，正在如火如荼地打广告资源争夺战的广告主似乎并不在意屏幕对面消费者狂躁的心情，继续增加投放，一心要赢得这场与主要竞争对手争夺广告声音占有率的持久战。赢了的一方会高唱凯歌，信心倍增，却忘记了争夺广告资源的初衷是为了重拾对消费者的吸引，殊不知消费者已经在广告主之间的火拼中逃离了。

一味盲目地增加广告数量，迫使用户对广告产生抵触情绪，更进一步恶化了广告投放的效果，对广告主来说是竹篮打水一场空。对媒体来说，超载的广告信息大大影响了用户体验，也导致用户的大量流失。这背后反映出的不仅是现有广告位资源的枯竭、广告主和媒体经营者的无奈，更是新的营销模式的匮乏。媒体没有革命性的营销理念，变现能力受限；用户对现有广告形式的抵触导致广告主营销效果的降低；在现有营销框架下，广告公司的发挥空间也越来越有限，无法最大化其价值。整个营销生态链，都需要寻求突破点[①]，广告主利用媒体进行品牌宣传的内容和形式都需要被重新思考。

---

① http://www.huxiu.com/article/11611/1.html.

3.回归原生的共感

"如果目标是让内容被看见,广告就必须原生。"①

碎片化时代营销争夺的不仅仅是广告声音的占有率,更重要的是用户的注意力。

广告主可以选择无限增多网页硬广告,拉长视频广告,但用户也可以选择直接关掉页面或者在播放视频广告时玩手机、浏览其他网页。广告主和媒体虽然想方设法地将广告推到用户面前,但却没办法让广告内容被用户看见,更不用提对用户产生影响。硬广告日渐式微的作用已无需多言,而广告主和媒体何尝不在探求新的广告方式。"我们正在把更多的广告投入转到数字化媒体、搜索、社交、视频和移动上,因为消费者在这方面花的时间越来越多。"宝洁首席财务官乔恩·默勒(Jon Moeller)在2015年年初的一次电话会议上表示。②广告主永远为追逐消费者的注意力而动,吸引用户眼球永远是广告成功的关键。那么问题来了,在用户已经厌倦了被各种乱入的广告打扰,对广告避之唯恐不及的现状下,如何吸引用户看广告呢?

现有广告之所以不受欢迎,很大一部分原因是其形式过于呆板生硬,且时常无礼地打断用户的网页使用习惯,破坏用户体验,进而引起反感。要做到吸引用户眼球,首先要尊重用户的使用习惯,保证不打扰用户,在广告呈现上做到润物细无声。在广告创意上则应该由以产品为中心转移到以消费者为中心,用消费者的思维来做广告创意,融入消费者的生活。这样的广告才会让消费者觉得熟悉,觉得与自己有关,广告内容才有可能被看见。这其实是一种原生的思维,即在视觉上将广告融入到所投放的网站当中,形式、风格与网站保持一致,做到不突兀;在推送方式上注重用户体验,做到不打断、不干扰;在广告内容上要对用户有实际价值,做到有益于用户。概括来说,所谓的"原生"就是指"为某个或者某些网站和平台而生"。③国内一些专家和企业也在积极探索这种原生的思维方式,并且对原生也有自己的理解和思考。学术界有人认为,原生要求内容是定制化的,是根据对象本身产生

---

① ShareThrough CEO Greenberg, http://blog.sina.com.cn/s/blog_a7d2ce7e01018i3a.html.
② http://www.waaaat.welovead.com/cn/top/detail/6eawimpCh.html.
③ http://blog.sina.com.cn/s/blog_a7d2ce7e01017sn8.html.

的一种营销沟通。威汉传播营销集团主席陈一枬表示，用消费者的思维做创意，原生营销要融合生活，而不仅仅是内容。

在原生思维的指导下，广告的呈现方式将更友好，广告内容将对用户更有价值，也一定会比现有的广告形式更能吸引用户的眼球，更容易被看见。在未来，有可能网站中的标题和小短文都成了取代横幅广告（Banner）的新广告形式，我们可以称之为"原生广告"。

这样的广告形式在消费者的生活中越来越被接受，比如使用天气预报App时，提醒着装卡通形象服装上的Logo、身后的户外大牌。又如，使用语言翻译类App时，把产品的广告语作为每日一句推送，衬以背景图片和附带的文字，为消费者用户提供有价值的信息以增强广告互动。再如，使用拍照App时，自带品牌主题色或标志性图片、风格的模式。此种案例比比皆是，却也是消费者可以接受，甚至喜闻乐见的。

二、原生广告：内容营销的最高形态

市场调查公司Smart Insights的调研显示，内容营销被投票选为2015年最重要的推动商业效果的营销活动。[①]原生广告被誉为内容营销的最高形态，我们有必要在这里探讨一下这一新的广告理念。

1. 众说纷纭的定义

2011年9月，联合广场（Union Square）风险投资公司创始人弗雷德·威尔逊（Fred Wilson）在OMMA全球会议上提出：新的广告形式将存在于网站的"原生变现系统"（Native Monetization Systems）当中。这是"原生"概念第一次出现在广告领域。在2013年2月美国互动广告局（The Interactive Advertising Bureau，简称IAB）举办的年度领袖会议上，"原生广告"成为与会者们热烈讨论的新概念。

什么是原生广告？维基百科给出的定义是："原生广告是一种保持与所展示平台的形式和风格一致的网页广告形式。例如一条广告主推销产品的广告是一篇由网站编辑团队编写的与网站其他内容形式类似的文章。原生就是

---

① http://www.meihua.info/a/64293.

指广告内容与投放平台的媒体形式保持一致性与连贯性。"①

维基百科之外，学界和业界对原生广告的定义众说纷纭。最初提出原生广告概念的弗雷德·威尔逊用简洁的方式描述了原生广告："原生广告是一种从网站和网站APP用户体验出发的盈利模式，由广告内容所驱动，并整合了网站和APP本身的可视化设计。"

Deep Focus公司首席执行官（CEO）伊恩·谢费尔（Ian Schafer）将它定义为"用户实际使用一个平台的方式利用该平台"。

Solve Media给出的定义是："原生广告是指一种通过在信息流里发布具有相关性的内容产生价值、提升用户体验的特定商业模式。"

国外可生成原生广告的网站Sharethrough的定义是："原生广告是一种付费的媒体广告形式，广告的投放遵循所投放网站的形式及用户使用习惯。使广告看起来就像页面中的普通内容。"

"原生广告是一种付费的内容，形式配合网站内容的编辑标准，内容满足用户的期待。

"原生广告是一种三赢的解决方案：媒体得到回报，品牌得到露出，消费者得到有用的内容。"②

喻国明教授则提出："原生广告内容风格与页面一致，设计形式镶嵌在页面之中，同时符合用户使用原页面的行为习惯。"

从国内外的各种定义中，可以提炼出关于原生广告的几个关键点：（1）原生广告以互联网媒体为载体；（2）形式、风格与展示平台一致；（3）内容对用户有用。你可能已经察觉到，不论国外还是国内，谈论原生广告时，都将其置于互联网这个范畴中。这不难理解，毕竟原生广告兴起于Twitter、Facebook等社交网络中的赞助内容。原生广告是否只能在互联网上做？并非如此。原生是一种思维，是为解决现有广告主、媒体和用户之间的关系而生的广告思维，即广告要力求不打扰用户的页面使用习惯，并向用户提供有价值的内容。笔者认为原生广告需遵循两个重点：一是在广告的内容方面，切实提供有价值、用户感兴趣的内容；二是在广告的形式方面，在设

---

① https://en.wikipedia.org/wiki/Native_advertising 2015.7.26 10:13.
② http://smallbiztrends.com/2015/05/what-is-native-advertising.html/print/.

计和制作上与所在媒体的内容相匹配，更加自然地融入用户的使用情境。凡是符合这两点的广告形式都可以称之为原生广告。广告主完全可以将这种原生思维应用到其他媒体中，向受众呈现更和谐、更有价值的广告内容。

2.原生广告的类型

美国互动广告局将原生广告归为六类，分别是信息流广告（In Feed Ad Units）、付费搜索（Search Ads）、推荐工具（Recommendation Widgets）、促销列表（Promoted Listings）、广告内的原生单元（In-Ad with Native Element Units）、定制单元（Custom）。

信息流广告（In Feed Ad Units）看起来与所展示网站的其他内容无异，广告内容大多由该网站的编辑团队编写，以使其更好地与网站其他内容相融合。信息流广告主要用于品牌互动（Brand Interaction）和品牌提升（Brand Lift）。例如BuzzFeed上的赞助文章（Sponsored Articles），就属于信息流广告。BuzzFeed是美国的一个新闻聚合网站，2006年由乔纳·佩雷蒂（Jonah Peretti）于纽约创办，致力于从数百个新闻博客获取订阅源，通过搜索、发送信息链接，为用户浏览当天网上的最热门事件提供方便，被称为是媒体行业的颠覆者，并发展成了一个能盈利的内容网站。有文章以标题《收益十万美元却无任何横幅广告》概括BuzzFeed的信息流广告。BuzzFeed较早将原生广告的思路运用到网站的经营中，算得上原生广告领域的翘楚。BuzzFeed聘请了广告代理商BBDO前高管、Facebook元老杰夫·格林斯潘（Jeff Greenspan）出任其首席创意官（Chief Creative Officer），以期提升合适的且为BuzzFeed内容设计的"本土"广告的销售，而不是像横幅广告那样挤满页面。以雀巢与BuzzFeed的合作为例，雀巢希望在社交网站上通过有趣而令人振奋的内容，记录生活中畅爽的瞬间。活动以季节性为切入点，雀巢和BuzzFeed创作了20个自定义的社交内容（Custom Social Content）来体现夏天和秋天中的一些畅爽瞬间。帖子强调了一些夏天难忘的瞬间，如7月4日的烟花、孩子们第一次见到大海时的神情、夏令营的回忆以及震撼的滑水运动。秋天的内容则集中在预知树叶的变化，以及秋季冒险的喜悦。雀巢的这种品牌宣传方式取得了不错的效果，尼尔森在线研究显示：直接在BuzzFeed上看到雀巢内容的人中，有55.2%承认雀巢是个有趣的品牌；通过社交媒体分享而看到雀巢在BuzzFeed内容的人数则以超过100%的速度在增长（159.7%），他们都认同雀巢是一个有趣的品牌。[①]通过与BuzzFeed的合作，雀巢强化了其畅爽、有趣、解渴的品牌理念，与目标消费者进行了一次积极、有趣的对话，提升了消费者对品牌的好感度。再如BuzzFeed上一篇题为《能够教会你的10次旅行》的文章，上面罗列了旅行的各种好处：游客可以在印度的水疗馆中放松身体，可以在美国科罗拉多高原锻炼野外生存技能，可以在意大利学习烹饪技艺——只看内容，这篇文章已经具备了旅行文章的全部特点。但实际上，它是互助保险公司State Farm投放的一则广告，目的是为了说明——"无论你从何处开始，State Farm都会随时提供帮助"。虽然读者最后发现它是广告，但他们毕竟得到了关于旅行的有用信息，再顺便多知道一家保险公司又何妨？

付费搜索（Search Ads），也叫竞价排名。推广信息一般出现在搜索结果页面较靠前的位置，这些推广信息看起来与其他搜索结果无异。按照惯例，搜索引擎会对付费搜索信息进行标注，以告知用户。例如，谷歌（Google）会在付费广告旁边用黄色的"广告"字样加以标注。

推荐工具（Recommendation Widgets）类广告虽然在网页中作为内容的一部分出现，但是与编辑的内容正文不同，这种推荐工具广告往往出现在"你可能喜欢"或者"为你推荐"等字样之后。

促销列表（Promoted Listings）类广告多出现在电子商务网站，在用户搜索到的服务或产品页面给出其他相关或相似的服务及产品，供用户参考。例如用户在亚马逊上搜到某品牌的化妆水，该产品的页面便会出现"与该商品相关的商品推广"字样，呈现一系列化妆水及与化妆水相关的产品。这是亚马逊为第三方卖家所售商品发布的广告。用户点击商品推广广告后，会进入商品详细页面，在商品详细页面中可以了解该商品的更多信息并购买该商品。

广告内的原生单元（In-Ad with Native Element Units）指在广告中有一些相关的内容可以链接到其他的页面。这样形式的广告效果以品牌指标（Brand Metrics），如品牌互动（Brand Interaction）和品牌提升（Brand Lift）来进行衡量。

---

① http://www.buzz.feed.com/advertise/casestudies/nesteal.

一些不属于上述原生广告类型的广告形式被归为定制单元（Custom）广告。

3.原生广告的平台

原生广告的平台可以分为两大类：开放平台和封闭平台。还有在发展当中的移动平台。

封闭平台：在封闭平台中，品牌的推广内容是建立并被局限在平台内的。风格与展现形式要和平台中其他内容保持一致。例如Twitter上的Promoted Tweets、Facebook上的赞助故事（Sponsored Stories），以及一些新闻网站推出的原生广告内容。

开放平台：在开放平台上，品牌可以将同样的一套原生广告内容投放于多个平台。较封闭平台而言，开放平台的品牌内容独立于平台。Sharethrough的原生广告开放投放平台较为出众。以赞助影片为例，其制作过程首先是广告主把影片、标题、说明和缩略图放在Sharethrough平台，指定客群、CPM（每千人成本）和想要播送的网站。剩下的就由Sharethrough接手，直接和发布者一起定做影片广告，确保风格、视觉、内容等都与发布者网站上的模式如出一辙，唯一的不同在于，这些影片会被标记为"赞助"或"推荐"①。

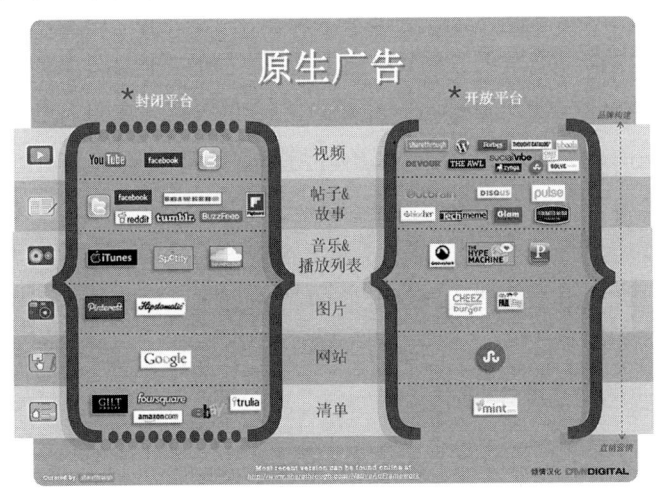

图2-3　原生广告平台

---

① http://blog.sina.com.cn/s/blog_a7d2ce7e01018i3a.html.

三、原生营销：互联网思维下的品牌营销3.0

1. 营销3.0时代的到来

大卫·奥格威（David Ogilvy）曾经非常强调广告的销售力，他认为一则广告和另外一则广告之间的差异，可用销售力这个尺度来衡量。因此，他要求广告标题中要写进销售承诺，每则广告都应该是一件推销产品的完整作品。达彼思广告公司董事长罗瑟·瑞夫斯（Rosser Reeves）根据公司的广告实践，率先提出了USP（Unique Selling Proposition）理论，即"独特的销售主张"，并在1961年出版的《广告的现实》（*Reality in Advertising*）一书中对比进行了系统的阐述。其核心内涵是要求每一则广告必须向消费者诉说一个主张，必须让消费者明白，购买广告中的产品可以获得什么具体的利益。从奥格威和瑞夫斯的主张可以看出，当时的营销以产品为中心，是一种纯粹的销售，一种关于说服的艺术。据此，我们将以产品为中心的营销时代称为营销1.0时代。

USP理论以产品在功能上有明显差异为前提。然而，随着经济和技术的发展，商品市场极度繁荣，产品大量仿制，使得产品的独特性消失，营销人员越来越难提出独特的销售主张。既然以产品为中心的策略越来越难以奏效，营销者便将营销重心逐渐转移到了建立与消费者的关系上，进入以消费者为中心的营销2.0时代。很多营销学者意识到了消费者在营销过程中的重要性，并对以消费者为基础的品牌资产进行了积极的探索，以科勒（Keller）为代表的营销学者提出了基于消费者的品牌资产概念，认为品牌资产本质上是"由于顾客头脑中已有的品牌知识，导致的顾客对品牌营销活动的差别化的反应"[1]，并于2001年提出了以消费者为基础的著名的品牌资产金字塔模型，如图2-4。

---

[1] Keller K.L, "Conceptualizing Measuring and Managing Customer-based Brand Equity," *Journal of Marketing*, 1993, (57).

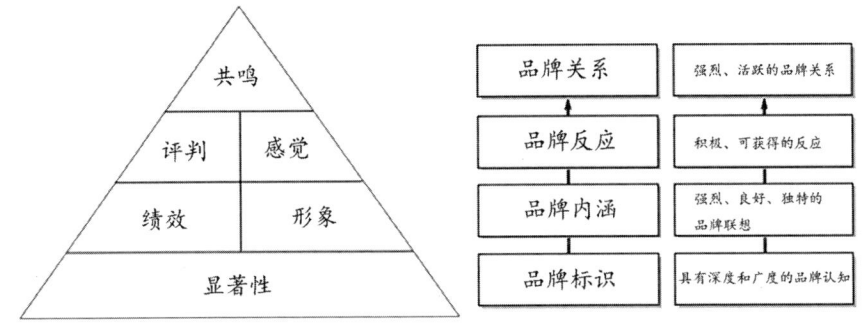

图2-4 基于顾客的品牌资产金字塔模型

营销2.0时代，企业追求与顾客建立紧密的联系，不但继续提供产品使用功能，更要为消费者提供情感价值。在营销2.0时代，营销者会花更多的心思为自己的品牌寻求一个独特的精神诉求，例如百事可乐的"新一代的选择"，飘柔的"飘柔，就是这么自信"，雅芳的"雅芳，比女人更了解女人"。但是营销2.0时代所关注的消费者还是笼统地以年龄、性别等进行分类的，提供的情感价值自然也是针对某一年龄群体或者某一性别群体的，消费者还是一个比较整体的概念。

随着个人电脑、手机等沟通工具的普及，消费者有了更多的自我表达平台，曾经被分为某一类的消费者逐渐显现出各自独立的思想和个性。消费者被看作一个整体的思路开始受到挑战，其思想和个性越发凸显，以前针对消费者营销的思路要转变为针对人营销，从狭隘地关注"利润、产品、消费者"转向深切地识别与满足个体最深层次的渴望与担忧，让消费者更多地参与营销价值的创造。这也正是现代营销学之父菲利普·科特勒（Philip Kotler）所描述的已经到来的营销3.0时代，即"人文中心主义的时代"。在这个新的时代中，营销者不再仅仅把顾客视为消费者的人，而是把他们看做具有独立思想、心灵和精神的完整的人类个体，"消费者"被还原成"整体的人"、"丰富的人"，而不是以前那种简单的"目标人群"，"交换"与"交易"被升华成"互动"与"共鸣"，营销的价值主张从"功能与情感的差异化"被深化至"精神与价值观的响应"。企业应该将营销的重心转移到如何与消费者积极互动，尊重消费者作为"主体"的价值观。

2.全媒体,心营销

原生的兴起,很大程度上促进了以互联网为中心的传播行业的重新整合。

企业该如何拥抱营销3.0时代?怎样与消费者进行积极互动?营销3.0时代强调对人文主义的观照,营销者要把消费者看作有独立思想、心灵和精神的个体去进行沟通,尊重消费者的主体感受,注重消费者的情感。原生营销继承了营销3.0时代的精神理念,不同于以往强势的轰炸式的广告宣传,提倡用消费者的思维做创意,并融入消费者的生活。

以常见的安放在小区门口的避孕套售卖机为例,你见过有人买吗?答案多数是否定的。为什么?很简单,机器正对着小区门口的收发室,那里也是小区里阿姨、大妈们乐于聚集的地方,如果被她们发现小区里的小李这个月来买了十几次,这个消息会马上传遍整个小区。而国外的避孕套售卖机多置于洗手间等比较私密的场所,充分考虑了消费者的隐私。所以,现在的企业不仅需要将心思放在对产品本身口味、功能的改良上,更应该放在消费者购买、使用产品时的场景和心理上,用心做营销。

原生营销也是一套整合的营销理念,整合多方资源,共同发声。媒介的创新与发展,将消费者置于一个以互联网为中心,PC、电视、手机、户外以及移动终端多屏互动的世界。单一媒介发声的力量毕竟有限,但多个媒介同时向消费者发出各自的声音也会分散消费者的注意力,甚至对消费者造成干扰。对于品牌,最好的选择就是整合,将媒介资源整合起来、共同发声。

原生营销的提出,也是为了解决广告主、媒体、消费者在现有广告环境中面临的困境,提供一套三方共赢的营销方案。广告主当然希望自己的品牌信息能更多地呈现给消费者,并且引起消费者的注意甚至分享;媒体则希望有更多的广告资本进入,但是过多的广告内容又会破坏媒体内容的可读性,造成读者的流失;而消费者最烦心的莫过于浏览网页时碰到铺天盖地且关也关不掉的弹窗、横幅广告,特别是广告内容对自己来说没有任何价值。大家都在期待一种三赢的营销方式,广告主的品牌信息最大限度地被看见、分享,媒体将品牌信息融入页面内容之中,消费者在浏览网页时自然地关注到对自己有用且感兴趣的品牌信息。要达到这样一种状态,需要广告主、媒体、广告公司共同合作，用心关注和挖掘消费者的内在需求，整合多媒体平台，以内容为王实现情感共鸣，更好地实现用户参与，把用户从单纯的受众发展成为传播网络和营销组织的一部分，依靠用户的力量，共同呈现一场原生营销的盛宴。

3. 原生营销的定义及其商业模式

何谓原生营销？

原生营销思维的核心是以人为本，尊重消费者的主体感受，注重经营消费者的情感。说白了，就是挖掘每一位消费者的深度需求。在以前，针对每一位消费者进行个性化的营销是一项极其浩大且不可能实现的工程。而今，大数据为我们提供了很好的路径，通过对用户大数据的分析，精确锁定每一位消费者的深度需求，生成有价值的内容，并选择合适的时间、合适的场景，通过合适的平台与消费者进行沟通，相信定能叩开消费者的心扉。经过不断地讨论和完善，我们最终将原生营销定义为：深度挖掘行业及用户大数据，生成有价值区隔的原生内容，创设场景体验和沟通定制，寻求品牌与市场、与服务、与传播的平台性聚合，为用户创造短期的高关注和长期的、可持续的营销品质。

任何一种营销模式的提出都需要有合理的商业模式作为坚强后盾，若缺乏可行的商业模式，再华丽的营销概念也是纸上谈兵。

原生营销的概念在国内最先由凤凰网提出，从2012年开始，凤凰网已经开始了这方面的尝试。经过多年积累，凤凰网拥有了优秀内容、数据、媒体等资源，通过对原生营销的不断探索和推动，形成了一套自己的理念和商业模式。凤凰网原生营销的商业模式，是基于凤眼系统提炼的策略和内容，还原具备营销意义的生活场景，构建品牌定制与消费体验的价值关系，让消费者在创设的原生想象中对品牌产生认知协调和态度内化，达成有感动度、有价值感的传播生态链，从而服务于品牌的良性沟通和持续创价。

第三章　关系重塑：
　　　　消费者与品牌的对抗性合作

有一个人在荆州做官时，山上的老虎常出来吃人和家畜。老百姓要求县官除去恶虎。这个人只下了一道驱逐老虎的命令，叫人刻在很高的岩石上，凑巧那只老虎因故离开了荆州，他就得意地认为自己的命令生效了。

不久，他被调去另一个地方做官。这个地方的老百姓非常彪悍，不易管理。他认为刻在荆州岩石上的命令既然能够制服凶恶的老虎，也能够镇住识文断字的老百姓，便派人去荆州描摹那块石刻。结果，他非但没有治理好这个地方，反而因为治理不当丢了官。

很多品牌都曾有过营销成功的历史，但是随着营销环境的改变，品牌和消费者的关系也在不断变化，品牌原有的"成功"方法面对新的营销环境也不再有效。此时，需要一场营销的变革和关系的重塑。

一、信息屏障：消费者的无声抵抗

互联时代，纷繁错杂，科技给人们带来了更加丰富的选择，我们几乎时时刻刻都在面对信息的狂轰滥炸。时至2015年，我们每天需要花费超过15个小时的时间来阅读或收听所有接收到的媒体信息，我们每个人每天接触到的信息相当于阅读将近200份报纸——这一数字较互联网出现之前增长了5倍之多。

广告越来越多，但其与受众的距离却越来越远。

1.时代的变迁与机遇

60秒能做些什么？

在以前，下楼买一份报道昨天新闻的报纸来回至少需要5分钟，也就是300秒，前提是报亭就在楼下，还不算挑选报纸和付钱的时间；同城寄一封信至少需要两天，172,800秒；等待一个问题的答案更是不知道要多久……而如今，根据DOMO的数据显示，截至2015年，在60秒内，YouTube上新增用户上传的视频量达300小时、Netflix用户的视频观看总量达到77,160小时、Facebook用户点赞4,166,667次、Twitter用户发布347,222条"推文"。此外，苹果用户每分钟下载51,000个App；每分钟访问亚马逊网站的网民达到了4,310人……①

这是一个信息获取空前便捷的时代，这也是一个改变人与信息关系的时代。信息的大量涌现让人目不暇接，很多信息往往被一瞥而过。人们不再像以前那样细读一条新闻、思考一种现象，乃至被某条广告信息吸引。

信息的高速传播和便捷获取打破了地域和地位的局限，只要愿意，人人都可以在同一时间获得相同信息。如今，我们足不出户便可知天下事，可淘尽世界各地商品，可以与世界各地的朋友交流。想出去吃饭，不用到商圈

---

① DOMO为美国提供商业智能云平台的初创企业，数据截至2015年8月。

一家家考察，有对应的网站和App早已帮你网罗了各个地段的美食，并附上对应的评价，甚至可以网上预约。想看电影，也无需跑到影院看档期，动动手指便可找到附近的电影院、适合的档期，以最低的价格选择自己喜欢的位置。想出去旅游，也大可不必追着"意见领袖"问攻略，拜托目的地的朋友帮忙预订旅店等，网站、App会帮你搞定这一切，只需要输入起点和目的地，车票、旅店、景点门票、攻略一应俱全……

不论是消费者还是广告主，都应该承认这是一个重新书写规则的年代，它为普通消费者的生活带来了前所未有的便捷，给予广告主更多的渠道和更低的广告宣传成本。但是，随着渠道越来越多，信息井喷式地涌现在消费者面前，抢夺其注意力，导致其注意力越来越难集中，大批消费者干脆设置起一道"信息屏障"，只接收对自己有用的信息。

回顾一下我们一天的生活：早上被手机闹钟叫醒，然后开始翻微博、刷朋友圈，看看自己睡着后有没有错过朋友的新鲜事；查看手机新闻，看看其他人、其他地区甚至其他国家发生了什么新鲜事。早饭时，电视或者收音机正在向你报告一些新发生的事，很可能是你刚刚在手机里已经看到的。上班路上，户外广告牌、车身广告、地铁广告、小哥发的广告传单……统统向你展示着各自的信息。到公司等电梯，屏幕上也在播放新闻或者广告。到座位上坐下，打开电脑，浏览网页时不断跳出的弹窗广告和横幅广告在拼命吸引你的关注。开会和午饭时，你也时不时翻翻手机，一晃到了下班。不想自己做饭，准备找家餐馆，大量的美食信息从屏幕中涌现而来，足以让你眼花缭乱。到了家里，电视虽然开着，你也可能拿着平板电脑在玩游戏，或者捧着Kindle看《三体》，偶尔还抽空看看手机，给朋友点个赞，或者转发一条你觉得不错的消息。最后，躺在床上，回想这一天从你眼前闪过的信息，又有哪些留在了你脑中？大多数信息与你无关，于是过眼即忘，即使遇到自己感兴趣的信息也被不断涌现的更多信息所淹没，来不及仔细阅读。如此日复一日，我们的头脑中又留下了什么？似乎什么都知道，但又什么都不知道，想想也是可悲。我们能够接触到的信息量正在爆炸式地增加，但是能够被消化的信息量却无法同步增长，无限的信息肆无忌惮地抢夺着我们有限的、脆弱的注意力和心智空间。可以说，"信息化时代"结束了，"信息过剩的时代"已经到来。

对于消费者来说,如何在大量的信息中甄别对自己有用的信息越来越困难了;对广告主来说,如何在海量的信息流中脱颖而出,吸引消费者的注意力成了最大的难题。

这个时代,广告主需要争夺的已经不是广告信息的曝光率,而是能跨越信息屏障的入口。

2.消费者不再听话

魔弹论认为:传播媒介拥有不可抵抗的强大力量,它们所传递的信息在受传者身上就像子弹击中身体、药剂注入皮肤一样,可以引起直接速效的反应;能够左右人们的态度和意见,甚至直接支配他们的行动。早期的营销者是幸福的,将自己产品的功能以广告或者其他形式宣传出来,便可坐等纷至沓来的消费者。由于信息和物质的匮乏,大众媒介对受众有很大的影响力,受众也非常依赖大众媒介。随着生产力水平的提高,物质得到极大丰富,产品的同质化现象越来越严重,消费者也从单纯对产品功能的追求转向到对品牌的追求。营销者依靠宣传产品功能便能俘获消费者的时代逐渐消亡,不得不专心于对品牌的打造,通过独特的品牌诉求与消费者沟通,吸引消费者。

你可能不知道,家喻户晓的万宝路香烟也曾因为销量不佳而停产。第二次世界大战造成的创伤,令烟民数量不断上升。菲利普·莫里斯公司(Philip Morris Companies Inc.)还特意为万宝路香烟配上过滤嘴,向消费者承诺过滤嘴可以防止有害的尼古丁进入身体,烟民们可以放心大胆地抽自己喜欢的香烟。按之前的营销策略,有如此功能的万宝路香烟定会受到广大烟民的吹捧。令人失望的是,烟民们对万宝路的反应始终很冷淡。从中可以看出,单纯的产品功能诉求已经越来越难以打动消费者。直到这样一个美国牛仔的形象出现在消费者眼前:一个目光深沉、皮肤粗糙,浑身散发着粗犷、豪气的英雄男子汉,在广告中袖管高高卷起,露出多毛的手臂,手指总是夹着一支冉冉冒烟的万宝路香烟。万宝路赋予了品牌阳刚、粗犷、成熟、豪迈的个性,与开拓进取、勇于冒险的美国文化相关联,给消费者带来一种附加于实

图3-1 万宝路海报

体商品之外的精神价值。这一品牌精神的建立，给万宝路带来了巨大的财富。甚至有这样的说法，世界上每抽掉四支烟，其中就有一支是万宝路。很明显，从万宝路因销量不佳而濒临倒闭到如此受人青睐的转折点，不是万宝路与其他香烟之间在味道上微乎其微的差异，而是万宝路广告带给消费者的一种想象空间、一种优越感、一种对品牌的期待。

从万宝路将品牌与阳刚、粗犷的西部牛仔形象相联系后所收到的热烈反响可以看出，当时的消费者还是会为营销者创造的独特品牌精神买单的。回到当下，试想你会因为百事可乐"新一代的选择"的口号就放弃可口可乐吗？你在选购一辆车时会因为沃尔沃一直标榜自己是最安全的汽车而将它作为首选吗？你会因为耐克"Just do it"的精神而忽略阿迪达斯等其他运动品牌吗？肯定不会。原因之一是很多品牌都开始塑造独特的品牌精神，并不遗余力地宣传；原因之二是互联网时代品牌信息触手可得，BBS等口碑平台的兴起让消费者不再被品牌广告牵着鼻子走，更广泛的信息渠道让消费者可以货比三家，选出最中意的产品。

那么，是不是说商家把营销重心放在对口碑的经营上，通过微博、微信等新媒体渠道造势便能脱颖而出呢？抱歉，并不是。虽然很多商家确实这样做了，例如鼓励消费者将广告信息发到朋友圈，收集朋友的点赞，或者让消费者将一段编辑好的对产品的赞美之词复制到朋友圈中，换取相应的礼品。

这种做法开始确实挺新鲜，也在朋友圈里引起了一定的注意。但是想想，作为朋友的你，点了赞，看了赞美之词后呢？对品牌本身的印象有变好吗？甚至机械地点了一个赞后有注意到这个品牌吗？

试问，被各种"集赞"广告玩坏的朋友圈还能支撑多久呢？根据Kantar Group《中国社交媒体影响报告》，2013年单纯浏览信息不评论、不互动的人数为39%，到了2014年这个数字为46%。朋友圈中人和人之间的互动越来越少，关系也越来越淡，并且原本私密的社交圈不断呈现圈层化和多元化的趋势，社交圈中人和人的关系在改变，彼此渐渐成为"熟悉的陌生人"。

广告主试图以大量的广告信息继续为消费者的选择作出指导，但是现如今，只有与消费者相关、能够打动消费者的信息才可以穿透消费者建立起的"信息屏障"，广告信息无休止的狂轰滥炸只会让消费者越逃越远。

3.品牌，是时候打破信息屏障了

在信息爆炸的今天，人们纷纷设置"信息屏障"，只对那些自己想知道和感兴趣的信息表示关心。在今后的营销传播活动中，如何让消费者产生兴趣，吸引他们从"信息屏障"中走出来，将变得越来越重要。

信息不对称的时代已经过去，靠砸广告、做公关、凡事比嗓门的营销策略不再有效。人们厌烦了被打断、被打扰、被营销。面对满大街的户外广告大牌，他们熟视无睹，仿佛这些只是城市生活中无关紧要的点缀；视频中插播的广告也变成了玩手机的背景音乐或者上厕所的提示音；他们非常精明地避免点击网站上的各种广告，对弹窗广告的态度已经从"瞬间骂不停"过渡到"静待其熄灭"，而手机上那些细小狭长的横幅广告、转瞬即逝的开屏广告，你想他们会在意吗？这一切都向营销人反映出一个紧迫的现实状况——人们离广告越来越远。

不相信？请看下面的这些调查数据。

帮助网站检测广告屏蔽的PageFair公司2014年发布的一份报告显示：22%的Web冲浪者屏蔽广告，广告屏蔽的年增长率为43%。在美国，广告点击率则从2004年前的9%下降到0.2%。

美国著名市场调研公司ComScore的调查结果显示，以横幅广告、关键字搜索、视频贴片等为代表的传统数字广告，因在广告形式和理念创新上长期没有大的突破，使得互联网广告的精准性与互动性已经遇到一定的瓶颈。2012年，在线展示广告接近6万亿，但其中约有33%的广告从未被观看；横幅广告在美国市场的点击率由2000年的9%下降为0.2%——就连最能接受广告主挑剔考核的互联网广告都遭遇如此困境，更何况传统广告。

雪上加霜的是，2015年9月1日起我国施行的新《广告法》明确要求：在互联网页面以弹出等形式发布的广告，应显著标明关闭标志，确保一键关闭。对于违反该规定的，工商行政管理部门将责令其改正，对广告主处5000元以上3万元以下的罚款。简言之，弹窗网页广告要保证一键可关。鉴于当前的网页广告困境，2015年9月2日，谷歌宣布旗下Chrome浏览器将开始暂停播放那些使用Flash技术的网络广告，而Flash在过去20年里为绝大部分网络横幅广告与视频广告提供了支持。谷歌认为，Flash延缓了页面载入速度，增加了设备耗电量，影响用户体验，因此决定在自家Chrome浏览器中的默认设置中"暂停"Flash广告。这一举措向广告主敲响了警钟，寻找新的广告形式迫在眉睫。与此同时，苹果也在自己的ios9系统浏览器Safari中首次加入了屏蔽广告的功能。

面对这些现状，品牌主们积极探索。在中国市场，奥迪汽车一直享有较高声誉，且保持一贯较好的销量，但日趋激烈的竞争不容品牌懈怠。为了打造承载统一品牌形象的平台，奥迪携手凤凰网搭建了第一个中文"未来频道"，通过颇具创造力的、用思维方式划分内容，令趋势、奇妙、奥秘、生活、启迪和探索等不同维度的思考形态成为主索引，同时设置未来科技、未来体验、未来生活和未来使命板块，深入浅出地追踪奇趣产品、产业发展、生活方式、社会责任等流行话题，令不同层次的受众都能够在频道中找到对称的信息流。截至2015年年底，未来频道上线以来，PC端网页月均流量超过400万次，用户60余万人，相当于每个网友在频道上浏览的页面超过7个；频道在凤凰新闻客户端上的月均浏览量也达到了200万次；未来频道还同时开设了微博和微信公众平台账号，在多个平台推送"更未来"的产品。

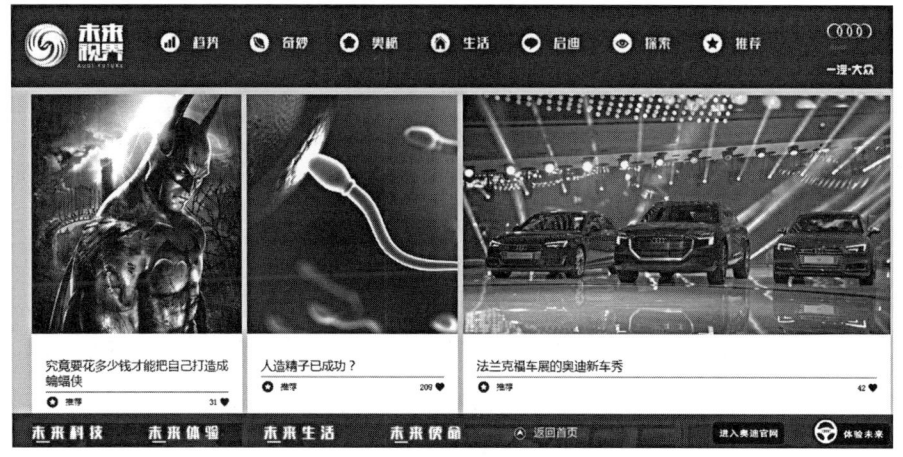

图3-2 奥迪未来频道网页截图

人和信息、人和人的关系都发生着改变。面对这些关系的重构,"影响人"已经越来越难,现有广告形式可谓内忧外患。品牌还在等什么?该想想如何作出改变,将渐行渐远的消费者吸引回来这个问题了。

二、平等互通:互联网思维下的消费者与品牌关系

1.营销始于消费者

杰克·特劳特(Jack Trout)在《营销战》一书中提到,现时代,营销的战场从本质上讲已经不是在货架,而是在消费者的心智,如何使品牌在消费者的心智中有效占位,是赢得营销战的关键。

如果我问你:是谁在指导营销?你会怎么回答?

是广告主?是广告公司?是媒体?

错!是消费者!

舒尔茨教授在《重塑消费者品牌关系》一书中提到:技术让信息接收者能够控制自己的信息消费——如何进入、接受什么样的形式,以及产生什么样的反应都由他们自己主导。因此,老一套的传播输出模型对策划、发展和传播营销信息及方案已经失去了意义。现如今,市场已经由消费者控制——不是营销者,不是媒体,甚至也不是营销事件的策划者。

互联网的去中心化使得人人都可以成为传播原点。通过社交媒体，每个人都可以成为信息节点，都有可能成为意见领袖。从线下的口口相传到BBS，到微博、微信，我们身边的每一个朋友都可以成为衣食住行方面的"专家"。人们不再单纯通过品牌广告或主流媒体获得品牌信息，而是转向社交媒体或者身边的朋友。Ipsos在2014年年底对全球24个国家消费者（18—64岁）的一项调研显示：在最近一个月访问过社交媒体的被访者中，55%的人表示社交媒体已经成为其了解品牌与产品信息的主要方式之一；在中国，这个比例高达80%。同时，42%的中国被访者表示，他们更倾向于购买在社交媒体中受到关注的品牌产品。品牌在社交媒体中向消费者征求其对产品、服务的建议和想法的举动能够加强其与品牌的关系。用户获取信息习惯的改变迫使品牌不得不重新思考自己与消费者的关系。

社交媒体环境下，品牌应该与消费者建立怎样的关系？要回答这个问题，首先需要弄清楚社交媒体与传统媒体的区别在哪里，社交媒体能带来一种怎样的沟通机制。

2004年，Web2.0的概念被正式提出，成为社交媒体诞生的主要标志。Web2.0更注重用户的交互作用，用户既是网站内容的浏览者，也是网站内容的制造者。这意味着社交媒体与传统媒体最大的不同在于其信息的传播是双向的，是一种交流。人们可以通过社交媒体平台分享见解、经验和观点，并且可以免费地、几乎零障碍地参与和利用社交媒体的内容。社交媒体给予的极大的参与空间可以激发用户主动地贡献和反馈，这也模糊了媒体和受众之间的界限。

从中我们不难看出，社交媒体环境下，消费者和消费者之间、消费者和媒体之间、消费者和品牌之间是可以进行互动交流的。之前品牌借助于广告和媒体宣传与消费者沟通品牌形象和品牌精神，但是现在消费者更倾向于从其他消费者的分享和评论中了解品牌信息，构建品牌认知。消费者对品牌的口碑是品牌所无法控制的，要维护良好的品牌形象，品牌就不得不走出来，倾听消费者的声音，真诚地与消费者进行沟通。所以近几年来，社交媒体上涌现出了越来越多的品牌拟人化形象，例如杜蕾斯在微信上自称"杜杜"，它有时还会和粉丝聊聊天、讲讲笑话。再如巧克力品牌

M&M，在微博上选择最为消费者所熟知的红豆和黄豆作为其形象的代表，在新浪微博上开设了@红豆-Red和@黄豆-Yellow两个微博。在微博上，@M豆-红豆和@M豆-黄豆就像两颗真实存在的豆子，用"你"和"我"的称呼互相打招呼，和粉丝们互动，从而让用户感受到更加真实的企业形象，把品牌当成自己的"朋友"。

2．互联·沟通·关系

人是"社会性"动物，在互动中产生关系。"你到底听到我说的话没有？"是我们平时经常问的一个问题。大多数人都期待自己说的话或评论能得到一个回应，以确认"被听到"。Ipsos的调研中指出，45%的人表示，品牌若对他在品牌社交媒体主页的评论作出回应将增强其与品牌的关系，因为消费者认为品牌的积极回应是对自己的重视。

消费者之所以需要"被听到"、"被重视"，其实都源于内心对存在感的追求。互联网给了消费者追求存在感的权力，也给了品牌满足消费者的存在感、为自己赢得好感的机会。

互联网大佬谷歌无疑深谙这种互联网思维，早在2004年推出Gmail电子邮件时，就通过为用户创造存在感来进行产品推广。谷歌的做法是只提供几千个Gmail的使用账户，想要试用的人，必须有人邀请才行。这样，发出邀请的人便获得满足感，收到邀请码的人相对于大多数因无邀请码而无法进行试用的人心中自然多了一份优越感。

再如雕爷牛腩，将互联网思维运用到门店经营中。在正式开业前，雕爷牛腩搞了半年的封闭测试，邀请明星大腕试吃。封闭测试期间被邀请成为一件非常有面子的事情。据说，韩寒带太太去试吃，因为没有预约，也被拒之门外。受邀的明星自然乐于发个微博夸夸雕爷牛腩，其实倒并不是真心觉得味道有多好，更多的是为了证明自己在被邀请之列，签个到，证明来过。并且雕爷牛腩有一个专门的VIP菜单，是不给普通用户看的，只为能看到菜单的人制造一次荣耀感和主动为其宣传的机会。这也是为什么雕爷牛腩尚未开业就已经在网上火得一塌糊涂的原因。

一个名不见经传的酸奶品牌乔巴尼（Chobani），通过互联网与消费者沟通而缔造了品牌神话。这个5年内公司收入从零达到10亿美元，人称发展速度堪比谷歌的酸奶公司，前身是卡夫食品公司（Kraft Foods'）正准备关闭的布雷耶酸奶厂。土耳其人哈姆迪·乌鲁卡亚向银行贷款100万美元买下这家酸奶厂，经过挑选，留下了4名员工，并从土耳其聘请了1名"酸奶大师"，开始了创造"美国最好喝的酸奶"之旅。乌鲁卡亚是怎么做的呢？由于缺少资金，乔巴尼酸奶无力通过广告宣传等方式进行推广。其创始人乌鲁卡亚是一位社交媒体达人，于是很自然地将营销方式锁定在不那么贵的社交媒体上，Facebook、Twitter和Pinterest都成了他的营销阵地。乔巴尼在Facebook上发布关于产品、公司文化、顾客疑问及乔巴尼产品食谱等一系列内容，在Facebook上积极与消费者互动，解答消费者关于产品的疑问，倾听消费者关于酸奶口味的意见，进而对产品的口味作出调整，或推出新口味酸奶。乔巴尼有一款卖得最火的"黑莓"口味的酸奶，最开始就来自一位消费者的建议。想象一下，当这位消费者看到自己的建议被乔巴尼采纳并且生产出这种口味的酸奶时，他会是什么心情，他一定会迫不及待地通过各种方式将这段经历讲述给身边的亲人和朋友，并且推荐他们也来关注这个品牌。对乔巴尼来说，这无疑是吸引这位消费者的亲人和朋友们关注乔巴尼酸奶最有效的宣传方式。通过这种真实互动的方式，消费者切实感受到了自己的声音能被品牌听见，并且被重视，当然也更愿意与之互动，并邀请自己身边的人一起关注这个品牌，这让乔巴尼酸奶在Facebook上获得了更多的关注。在Twitter和Pinterest上，乔巴尼酸奶也制造了一些易于产生对话的话题，如Twitter上的"你觉得吃什么最符合春天的氛围？""真实让每一口都意味非凡，打开、搅拌，然后获得满满的真实"。在Pinterest上，乔巴尼照顾到所有目标消费者的兴趣，为与品牌关联的各类消费者量身定做了包括"与乔巴尼一起烘焙"到"口味风暴"及"乔巴尼在厨房"等整整25个不同内容的板块。乔巴尼酸奶在社交媒体上的关注度越来越高，品牌知名度不断提升。

乔巴尼酸奶仅仅用了几年时间就做到了与卡夫、达能等财富500强的酸奶品牌齐名，绝对算得上是酸奶界的逆袭。没有背景没有钱，能做的只有花更多的心思在与消费者的交流上，用真诚的态度和高质量的内容获得消费者的关注和青睐。这正是互联网时代品牌成功的核心：以人为本，尊重消费者，满足消费者的需求，照顾消费者的感受。

图3-3 乔巴尼酸奶在Pinterest上的活动页面

3.消费者与品牌的关系博弈

消费者VS.品牌，孰轻孰重？

在信息不对等的年代，品牌掌握着更多话语权，教育消费者该怎样穿衣，怎样吃饭，怎样喝咖啡……品牌高高在上俯视着消费者。

互联网时代打破了信息壁垒，人人都是传播原点。消费者完全可以自主选择穿什么品牌的衣服，去什么餐厅，喝什么品牌的咖啡，品牌被迫走下神坛，取悦消费者。

在品牌与消费者地位的较量中，最好的结局其实并不是一方压倒另一方，决出孰高孰低，而是在磨合中达到平衡：品牌信息顺利到达消费者，不是被关掉，而是被看见；消费者主动接受品牌信息，不是被干扰，而是有益处。要达到这种平衡，品牌和消费者之间应建立平等互利的关系，这才是互联网时代品牌营销的成功法则。

拥有百年历史的可口可乐最注重以平等的姿态与消费者沟通。可口可乐注重体会其每一代消费者的特点，用消费者熟悉的方式，用消费者的语言去沟通。与李奥贝纳广告公司合作，针对年轻的消费者，可口可乐先后推出了可口可乐昵称瓶、可口可乐歌词瓶、可口可乐台词瓶。在年轻人之间流行的词如"宅男""宅女""学霸""女神"等二十几款昵称被印在了可口可乐

图3-4 可口可乐歌词瓶

包装上，并且在一些自动售卖机上消费者还可以定制属于自己的昵称瓶；"让我们乘着阳光，看着远方"，"蝉鸣的夏季，我想遇见你"，一些当下最受欢迎的明星和他们的热门单曲中的歌词也被印在了可口可乐的包装上，从周杰伦到五月天，从世界杯主题曲到毕业季应景歌，总能找到一瓶符合自己的口味。之后，可口可乐又相继推出了台词瓶和文身瓶，只为与年轻消费者更好地沟通。已经拥有了极高品牌知名度的可口可乐依然费尽心思去迎合年轻消费者，为了能与年轻人拉近关系而在创意上不断推陈出新，这是品牌维护消费者关系的一种姿态，也是可口可乐历经百年、历久弥新的秘密所在。

走进家乐福，不难发现那个别致大方的"我有话要说"的意见簿。人们可以随意地写上"今天逛商店很开心，服务员的微笑很漂亮"，或者"如果商店的音响声音不那么吵就更好了"等等各种各样的意见、建议或肯定。"我有话要说"，本身体现的就是对顾客的关怀，言外之意，是在对顾客说你就是这里的主人，你可以在这里轻松购物，可以畅所欲言，如果有哪里不满意，尽管说出来，我们会改进。政府、医院等部门的意见簿总给人一种拒人千里的感觉，很少有人写，可能是不敢写、不好意思写，或者是觉得写了也不知道有没有人看，一个与百姓沟通的机会就此失去。相比之下，家乐福"如果你在家乐福购买满意，请告诉你的亲友；如果有任何意见，请告诉我们"的体贴真诚则体现了人文关怀的可贵，把关怀落在实处，用诚心赢取顾客的青睐，用良好的口碑树立企业形象。常年以来，家乐福靠这张牌打开了市场，成为全球仅次于沃尔玛的零售巨头。

三、消费者体验：从认知到共鸣的转变

品牌经营可以划分为三种境界：最低层次是"信息"，作为一种区别于竞争产品的标识；中间层次是"信任"，建立与目标顾客之间的友善关系，赢得他们的好感与信赖；最高层次是"信仰"，作为梦想的载体，激发人们内心深处的渴望和追求。

1.走进消费者生活

无印良品设计总监原研哉说过：设计的原点不是产品，而是人。

越来越多的消费者在选择品牌时，看重的往往不是产品有多么突出的功能，而是品牌带给他的归属感。

什么是归属感？

归属感有时也被称作认同感，是指一个人对某种事物、组织的从属感觉，是一种主观的个人感受。对于消费者，归属感是产品功能之外，与品牌产生的情感上的联结。这种对品牌的归属感会使消费者长期保持对该品牌的兴趣，并建立起对品牌的忠诚。

那么品牌如何让消费者产生归属感呢？

走进消费者的生活，去了解消费者的生活场景，感受消费者面临的困境。每天要面对大量无关信息的消费者逐渐对信息麻木，除非是那些跟自己生活相关、能够激发联想的，才会引起他们的注意。要让消费者产生熟悉的感觉，就一定要走进消费者的生活，讲消费者自己的故事。请看下面几个案例。

◎多芬——你比想象中美丽

多芬是全球著名的女性品牌，致力于帮助当今女性寻找真正属于自己的美丽。多芬从来不在广告中通过明星或者模特告诉女性消费者用这款美容产品就会变得和她们一样美丽。因为多芬知道这样的广告消费者看来是无感的，更不会有消费者相信用了广告中的产品就会像广告明星那样美丽的谎话。多芬的广告形象一直是普通的女性，她们就是普通消费者中的一员，这首先拉近了消费者与品牌的关系。当然，多芬做的远不止这些。多芬更善于观察女性消费者，关注并试图帮助她们改变在生活中的一些状态和困境。

多芬发现女性往往在社交网站上用"好胖""讨厌自己这么黑"等消极的文字形容自己。多芬希望改变女性对美丽的看法，帮她们找回自信，于是发起了"#Speak Beautiful"活动，鼓励女性发现自身的美丽，并大胆说出来。活动开展一年来，有将近10万人参与，超过8亿人关注，在社交网站上，积极的 Self-Beauty Tweets 增加了62%，消极的 Self-Beauty Tweets 下降了30%。

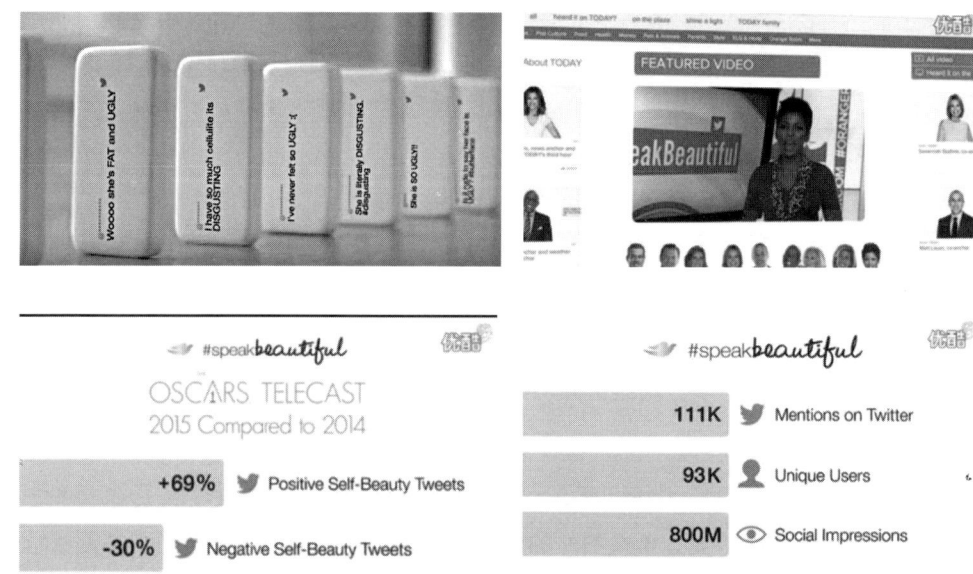

图 3-5　多芬 "Speak Beautiful" 视频截图

多芬在另外一个活动"你比想象中美丽"中，与美国罪犯肖像艺术家吉尔·萨莫拉（Gil Zamora）合作，进行了一项社会学实验。首先，在完全看不见彼此的隔离状态下，吉尔根据7位女性对自己五官和外形的描述为她们画像。之后，吉尔再为同样的7位女性完成另一幅肖像，但第二幅画的描述则来自当天见过她们的陌生人。有趣的是，根据陌生人描述而成的第二幅画像中的人都比第一幅中的显得更美丽、更有神采。原因是女性往往会放大自己容貌中存在的一些小瑕疵，进而变得不自信，却不知道令她们不满意的那些小瑕疵在别人眼中其实是微不足道的，甚至正是别人眼中独特的地方。在这种对比下，多芬成功地把"发现女性之美"的概念推销了出去。

如果你也是多芬的目标消费者，是否会被多芬的用心所打动？答案多数是肯定的。因为，多芬发现的问题确实是大多数女性消费者真实生活的写照。多芬在此基础上的广告创意也自然会给消费者留下深刻印象。

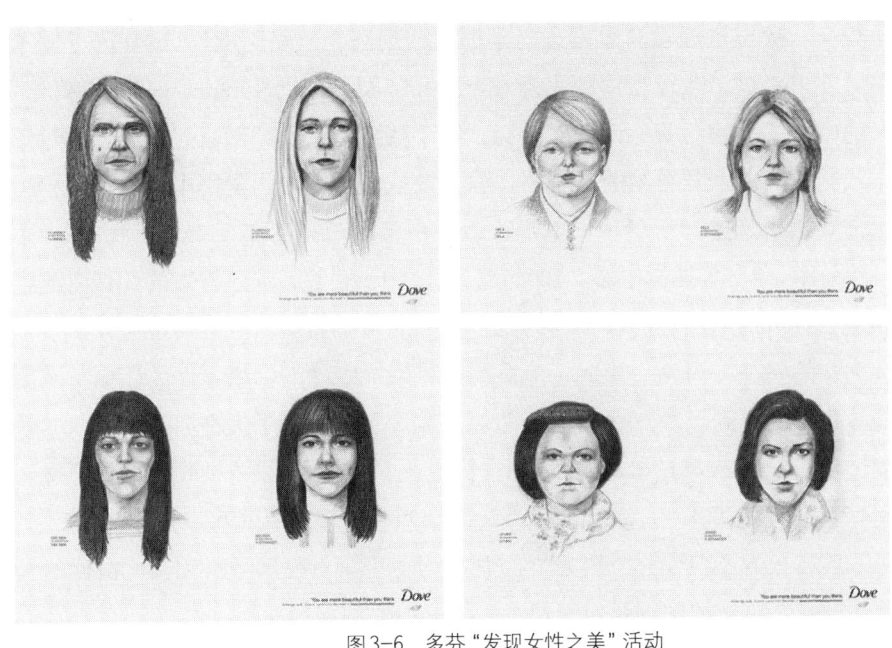

图3-6 多芬"发现女性之美"活动

◎ **福特翼搏——FUN手趣过年**

"小孩儿小孩儿你别馋,过了腊八就是年;腊八粥,喝几天,哩哩啦啦二十三;二十三,糖瓜粘;二十四,扫房子;二十五,冻豆腐;二十六,去买肉;二十七,宰公鸡;二十八,把面发;二十九,蒸馒头;三十晚上熬一宿;初一、初二满街走。"

春节从未被当作品牌推广的最佳时机,因为难以跳出"汽车品牌节日营销的常规思路"。到底什么可以触动辛苦了一整年的中国白领?福特翼搏携手凤凰网谋划了一场"喜大普奔"的春节大事件。凤凰网从媒体的角度出发,通过对用户大数据的挖掘,提炼出了"年终奖、逼婚、买票、年夜饭"等白领最为关心并积极参与的四大话题。福特翼搏巧妙地将去冒险的精神与中国式过年的温情巧妙地结合起来。通过街头采访,以微电影的形式呈现白领们对这四大话题的看法。"IT青年张英俊手握年终奖,苦苦思量怎么花。是为悦己者容还是千金散去女友欢?春节荣归故里才是年终奖的终极意义。""福建好人王小帅,不怕胖子不怕狗,捡上文艺青年和失足妇女，突出漫漫堵车重围，与羊群搏斗到底，一路向南，自驾Fun手回家路。""杨过，改行当律师，绕弯一圈又一圈，才别No zuo no die嗲妹妹，又遇中国丈母娘，智斗无敌女学霸，终于找到小龙女。回家过年不再怕过年十八问。""家开餐馆的马小树，除夕夜依然不得闲，走街串巷送温暖，为更需要的人送上一份老爸做的年夜饭，用笑容点亮了年三十的夜晚。"4个过年故事，4支翼搏微电影，100名路人，100个回答，通过深入的消费者洞察制造出有价值的品牌内容，借助用户强烈的情感共鸣产生主动传播并引发社会大众的关注与讨论，形成了节日期间最聚拢眼球的网络事件，让福特翼搏的品牌形象得到了300%的提升，市场影响力更是得到了大幅提升。"FUN手趣过年"专题PV高达612,938次；4支微电影、4支街头采访视频的播放总量达到4,271,910次；7,164人参与线上调查，9,439人参与注册试驾。

广告投放不仅仅是一种媒介经营行为，更是对品牌战略和文化内涵的经验性理解，更重要的则是对消费者生活形态的洞察和把握。

原生广告是一种商业区隔，但它更为深入的价值在于更注重品牌内涵的挖掘和沟通的情境性，以及关系的适切性，注重产品功能的故事性和创意呈现的戏剧性，不强迫消费者的视听选择，不割断社会公众的文化想象，更强调与内容、情景、关系的伴生，强调网络的黏性和平台的集成。福特翼搏的春节营销有三方面值得赞许：

首先，创设情境。

情境，实际上规定了利益逻辑和对象关系。春节就是个大情境。倘若大情境不能与个人的欲望之境相关联，大情境就失去了营销对话的意义。因此，大情境的创设与个体欲望的不同生活面要结合，才会有强大的劝服性。于是，年终奖的情境、春节回家被逼婚的情境、春运回家买票难的情境以及除夕年夜饭的情境一一呈现，涉及目标人群的现实尴尬和生活愿景，引发共鸣，进而转化为消费者对福特翼搏的品牌认知，情理自然，趣味十足。

其次，创设黏性。

较其他媒体而言，网络平台的特点在于互动。互动，就意味着不能自说自话，也不能没有利益感。互动的核心在于内容的价值激发、逻辑关联和技术便捷。福特翼搏选择微电影作为载体，扩展内容，制造原生的沟通点；利用街头的新闻采访强化真实感，固化消费意愿；编制春节回家秘籍，提供说服自己的消费理由。这些环节的创设，严格依循情境心理的轨迹，从注意到体验、从被动到主动，层层引向深入，强化了品牌接触的黏性。

第三，创设接触点。

从互联到移动互联，品牌已经衍生出各种信息沟通方式，布设在不同的生活形态和行为路径上，对受众进行全方位的信息诱惑和传播拦截。凤凰网为福特翼搏品牌量身定制"FUN手趣过年"，就是采用了这种全媒体适配的传播策略。在原生内容的基础上，利用站内外的全方位立体化传播，接通凤凰网的门户资源和无线资源，并在社交媒体平台上的官方账号以长安福特自媒体平台，将福特翼搏的品牌理念推送到不同的生活节点，营造更有影响力的覆盖。

情境、黏性、接触点从哪里来？当然是从消费者的生活中来。

2. 有意思，更要有感情的意思

神经学家唐纳德·卡恩（Donald Calne）曾说过："情感和理智之间的主要区别在于，情感会引发行动，理智会引发推论。"[1]

整体营销的大环境已经从以产品为导向的1.0时代进化到以人文精神及情感共鸣为导向的3.0时代。消费者作出购买决策以及忠于某品牌的行为在很大程度上受情感的影响和支配。

原生营销的核心正是倡导人文精神及情感共鸣，提供有价值的内容，注重主体体会，让消费者接受、喜欢，并愿意去看。这就要求创意对人、对生活关系和生活形态进行解读，将品牌融入消费者生活，做有意思、更有感情意思的营销。请看下面几个案例。

◎ 远传电信——开口说爱

你曾经在电话里用不好的语气对妈妈说过话吗？知道你一句无心的回答会给她带来怎样的失落吗？台湾远传电信继"开口说爱"后的"2015好好

---

[1] Donald B. Calne, *Within Reason: Rationality and Human Behavior*, New York: Pantheon Books, 1999.

说"系列广告，内容是对测试者在不知情的情况下进行的一个小测试，当妈妈打电话来时，被测试者需要模仿当时跟妈妈打电话时不耐烦的语气，电话的另一头妈妈其实也在一个测试室里，但妈妈并不知道儿子也在接受测试，摄像机会记录下父母亲在接到测试者语气不好的电话后的神态变化，随后播放给测试者看，那种落寞与伤心，被触痛的不仅是测试者，还有无数观众。

广告创意并无太多的天马行空，只是深入消费者的日常生活，抓住了生活中每个人都会经历的细节，从中提炼出普世价值，将人与人之间真实的生活关系和生活形态展示给受众，激发每位观看者的生活体会和记忆，从而在更深程度上与消费者进行沟通。广告播出后不久，论坛上开始出现"2015好好说，新的一年你最想对家人和朋友说些什么"的话题，不少人的朋友圈里也自发转发该系列广告，并附有诸如"只有我对妈妈不耐烦，妈妈却从来都是好好接我电话的"，"以后和爸妈打电话一定好好说"等自我反思式的语句。

◎别克凯越——说给老家

如何将老家故事与别克凯越主打的平安家庭这两个概念完美结合，让凯越的精准受众得到强烈的情感共鸣？

随着城市不断发展，越来越多的中国人选择离开自己出生的地方，他们不断迁徙，四海为家，只有在过年这一特殊时期才会想起自己的老家。这些人，是中国千千万万个普通家庭的缩影。而这些家庭，也正是别克凯越进入中国市场十多年来最重要的受众。基于这样的洞察，凤凰网携手别克凯越在2014年新年推出特别节目——《老家》。特别邀请了7位名人与1位凯越车主，8位不同籍贯、不同身份、不同年龄的嘉宾将心中最真实的老家故事娓娓道来。8期节目从不同角度诠释老家情怀，并通过凯越车主的老家故事，引出"平安，不是一个人的事"品牌Slogan。"老家"系列以小见大，用最真实、质朴的情感引发观看者的强烈共鸣。视频播放总量达到3,809,371次，评论36,033次，微博互动7,349次。正如上海通用汽车市场部负责人所说，当我们没有任何野心地把一个品牌，把它最关注的内容传递给受众时，会发现受众对于这个品牌的搜索度、关注度和好感度都会有增加。通过对消费者生活的洞察，别克凯越和凤凰网一起作了一次"有感情的意思"的策划，进一步深化了别克凯越"平安，不是一个人的事"的品牌主张。

以人为本的理念在近年来的广告创意中愈来愈受到重视，广告内容在平实中所带有的震撼力在潜移默化中影响受众，引发其共鸣，并使其保持更长久的关注和记忆度。

创意不但需要有意思，更需要"有感情的意思"。当创意中的各种感情价值契合了受众的感情经验，品牌便在受众心中创造了共鸣的环境，也就产生了意义。不论广告形式怎样变，广告所传达的核心内容都应该注重主体的体会。

3.互动，有利益的分享

美好的事物源自分享（Good things come to those who share）。

这是可口可乐一个广告活动的主题，意在鼓励大家进行分享。鼓励分享快乐是可口可乐的企业基因，也是使可口可乐品牌家喻户晓的制胜法宝。在可口可乐的很多活动中，我们都会被其鼓励消费者进行分享的创意所折服。2015年，可口可乐在纽约宾夕法尼亚车站设置了一台内有玄机的贩卖机。有人过来购买可口可乐时，贩卖机都会多吐出来一瓶，正当人们疑惑是不是机器出了问题时，可口可乐瓶身的文案解释了个中缘由：与他人分享可乐，是人们的天性。原来，多吐出来的可口可乐是希望消费者能够分享给别人。最后，约70%的人主动和陌生人分享手中的可乐。而这些进行分享的人，可口可乐给他们带来了更大的惊喜——一张捷蓝航空的往返机票。

约70%的人主动分享，这显然是可口可乐又一次成功的营销。是什么因素促使消费者乐意分享？原因有三：其一，活动的目的积极向上，消费者分享时不会有心理障碍；其二，这一分享动作简单易行；其三，与人分享可以得到情感上的满足。当然，还有机票等额外收获。简而言之，这个分享行为对参与者来说是有利益的。

自媒体时代，广告主都希望自己的广告信息能够引发病毒式传播，以更少的投入到达更多的受众群。怎么能让消费者主动分享呢？可口可乐的做法似乎能给我们一些启发。首先，需要被分享的内容是有价值的，不会给分享者带来心理负担；其次，在操作上尽可能便捷，最好能一键分享；最后，给予消费者参与中的利益感。

互联网的本质是交互。互联网已经为生活在这个时代的人们创造了互动和分享的环境，并且培养了人们互动和分享的意识。广告主需要做的无非是给消费者提供一个与品牌互动，帮助品牌分享的理由和动机。互动可以理解为有利益的分享，可以把前面的理由和动机总结为一种利益设计。

所谓的利益设计，不应该单纯理解为物质上的奖励，更多的是为受众提供有价值的内容。例如很多内含软广告的文章，还是有人会去看、去主动转发。明明没有得到品牌给予的任何利益，还积极分享到朋友圈，为什么？无疑是文章好，看完觉得有收获。如"黎贝卡的异想世界"的一篇文章《无需堆大牌，平价也能毫不费力穿出时髦感（送Topshop折扣码）》，通篇在写各路明星对于该品牌的驾驭之道，以及招牌产品的搭配要点等等，延续了黎贝卡微信一贯的"实用"特色，读起来与一般的时尚博文并无二致，但女孩子们读完后觉得受教良多，这就足够了。文章结尾还有品牌优惠码相送，看完分享朋友圈或者看了推广后直接"剁手"的女孩大有人在。可见，关键不在于是不是广告，而在于文章的表现力、实用性，以及广告植入的自然程度与合理性。

图3-7　黎贝卡的异想世界

再如《如何不动声色地在前任婚礼上艳压新娘，转给需要的张馨予们》，光是一个题目，就吊起了太多女孩子的好奇心。作为当代女性，谁还没个情感纠葛的前任呢。不管当初为什么分手，在心理上总归不希望前任的新娘比自己美。因此"艳压前任新娘"听起来就足够有趣、刺激，谁也别想阻止我看下去！

正文为大家展示了一个妹子如何被贱男前友邀请参加婚礼，在婚礼上如何翻盘的大快人心的故事。然而，重点在于妹子艳压新娘的利器居然是"佳洁士牙贴"，胜就胜在了一口闪闪发光的白牙。这样的"结局"，真是万万没想到。[1]虽然最后发现是一则广告，但毫不影响读者收获一份满足感。这样意想不到的结局反而增添了喜剧效果，为品牌加了分。

图3-8 佳洁士之前任婚礼艳压新娘

此类文章让读者产生一个错觉：你看的是时尚指南、八卦新闻。总之，不是广告。

在这样一个信息接收渠道越来越多元的时代，一则广告如何在海量的信息中脱颖而出，博取更多的眼球时间，是广告主和媒体共同面临的问题。有时，单纯靠讲消费者自己的故事也会显得有些单薄，不足以触动其主动分享的欲望，如果能够配合利益设计，让受众感受到分享的价值或者价值感，则

---

[1] http://www.meihua.info/a/64281.

自发传播会更为顺理成章。

这是一个颠覆的时代，人与产业、人与媒介、人与信息、人与人、人与服务，这些关系的重构使"影响人"越来越难，因而营销思维急需颠覆。传统媒体时代需要影响力思维，用内容吸引消费者；互联网时代需要流量思维，不仅要吸引消费者，更要与消费者互动；移动互联网时代需要产品思维，要注重消费者体验；而今，我们进入了互联网+时代，这个时代需要的是场景思维，在注重内容、互动、体验的基础上，更注重与消费者的连接，找到穿透信息屏障、走进消费者内心的超级入口。

第四章　原生与品牌

在地中海有一种植物叫岩蔷薇，看似弱不禁风却能熬过冬季湿冷、夏季干热的气候；很难想象这么薄的花瓣是如何抵挡住烈日曝晒的。事实上，为了适应多变、残酷的生存环境，岩蔷薇进化出了一种近乎颠覆性的技能——自燃。

岩蔷薇的叶片会分泌大量油脂，当外界气温达到32度时，岩蔷薇就会自燃。但这看似自毁的行为实则是有"意"而为之，因为自燃的火焰同样会将周围的植物全部烧尽——这为它更优化的种子后代赢得了宝贵的生存空间。岩蔷薇的种子被包裹在防火外壳里，突如其来的大火和极高的环境温度甚至会促使它们发芽和成长，进一步扩张自己的领地。在西班牙东部地区，岩蔷薇因其自我颠覆和针对环境进行优化的能力，如今已经大举侵入曾经的农田和草地。

时刻处于巨变和竞争中的品牌，犹如看似脆弱的岩蔷薇，在无力改变环境的情况下，只有敢于颠覆已有的生存和思维模式，先于竞争对手"进化"出更能适应时代特征的品牌基因，才能利用这个时代的机遇更好地成长。

一、嬗变中的营销观：当消费者成为"生活者"

无需深刻洞察或专业分析，仅仅作为被无数媒体裹挟的消费者，我们就能感觉到品牌的营销思维正处于巨变之中，最直观的就是品牌战略要地的转移。因为互联网的"疯"行（对，只能用"疯"来形容互联网颠覆传统行业的速度），大批品牌从报纸、杂志甚至电视媒体转身投向数字媒体的洪流之中。在数字世界，市场准入门槛和营销成本双双降低，导致大小品牌层出不穷，对消费者的争夺战前所未有的残酷。因此，品牌必须改变以往对消费者的认知及沟通方式，从总是粗暴地打断消费者的媒介体验，令其被动地接受营销资讯，转向重视消费者的体验，尊重并且努力去赢得其自主选择。

1.品牌"自嗨"时代的终结

何谓"自嗨"？即一个人的狂欢。在所有人都不能理解也无法被你兴奋的情绪所感染时，依然自顾自地玩得很开心——这无疑是品牌营销的禁忌。"自嗨"式的营销是品牌在传统媒体时代落下的病根。那时，过分自信的品牌常常只从自己的角度出发去创造内容，占用大块版面和时间描述产品的制作工艺、优质原料和品牌上百年的历史沉淀等等，希望以高频的亮相占据消费者的心智，进而增强品牌的影响力。那时的消费者往往面临着品牌和媒体资源的双重匮乏，在没有更多电视节目可选的情况下忍受广告的轰炸，在没有其他商品可供比较时只能把广告出现的频率和广告的品质等同于品牌实力，向品牌一再打断他们享用媒体时间的行为妥协。这种粗放的广告和营销方式在传统媒体时代尚有用武之地，但是，随着品类与品牌的逐渐丰盛，当品牌传达的利益点依旧无法准确对接消费者内心的价值感时，品牌的传播就会失效，消费者可能会无情地转向更知他们心意的品牌。

到了互联网媒体时代，从按照有多少人看到广告来收费（CPM）到按照广告实际点击次数来收费（CPC），证明品牌较之以往更加重视消费者的态度，对"互动"概念的认知初显；受众因此不再只能"被动"地看到广告，而是可以通过"点击"来表示自己是否真的对广告内容产生兴趣。虽然因此对广告创意的标准和品牌营销的精准度有了更高的要求，但这种思维方式在本质上依然把受众看成打包好的数字，而非需求各异的个体存在。当移动互联网时代来临，人们对媒介的使用极大地倾向移动终端，媒体打破了时空的限制，成为随时向传授双方开放的平台。门户网站继续发展，社交媒体和各类App的盛行彻底打通了受众发表观点的渠道，使得受众的想法与态度拥有了前所未有的影响力。在移动互联网时代，所有现有的、潜在的"消费者"都是某款互联网产品的"使用者"。在消费者所有的注意力都被手机屏幕占据、营销资源紧缺、传播渠道也相当拥堵的情况下，如何充分利用互联网的产品资源，在保证用户体验的同时，将品牌信息融入用户当下所处场景以及所关注的内容之中，就成了营销人员最需要思考的问题。

营销思维变化的背后，其实是受众角色与地位的变化。当受众从传播的终点变成重要节点，再到如今成为一切传播的中心时，所有的思考都要以受众为起点。在时刻高喊注意力稀缺的互联网时代，仍有不少品牌罔顾已经成长的消费者，一次次突破底线，试图用"搏出位"来吸引消费者的眼球，比如2015年神州专车发起的饱受争议的广告战。神州专车的"反黑车系列"广告上线没多久就引起轩然大波，不仅"Beat U！我怕黑专车"这句口号直指专车市场的新秀优步（Uber），类似"穿得危险，不代表我想遇上危险！笑得开心，不代表我想寻开心"这样的文案也引起了众多网友的强烈反感甚至出言抵制。事件发生后，代言人之一的罗昌平要求撤回所有与自己相关的图片，发微博申明"相信市场的力量"，另一代言人海清也随即自删微博。最终神州专车用一封道歉信和一些代金券为这个营销事件画上句号。我们暂且不谈神州专车这场营销战的成败，单从消费者的反应看，这次营销带给他们的体验糟糕透顶。一位网友甚至在微博下面评论道："我的事，我自己做主，不用你们这帮收了钱的人来教训我。"可见在消费者看来，神州专车一口一个"黑车"是在抹黑对手，而文案中的"切记"、"别自找麻烦"、"不心存侥幸"听起来不是叮咛，而更像是把用户当成无知青年般来教训。神州专车这次的营销手法不是通过更合理的价格和更优质的产品与服务来为用户提供更好的选择，而是替用户作了孰好孰坏的判定，不容置疑地告诉用户：如果你爱惜自己，如果你是一个有责任感的家庭成员，就应该作出这样的选择。

这对于自主权日益彰显的消费者来说，正是犯了大忌。互联网承载的海量信息以及日益成熟的搜索技术，让品牌与消费者间的信息不对称现象日渐消弭。消费者力量的彰显首先体现在他们对信息日益强大的掌控力上，面对信息过剩等问题，消费者开始学会根据自己的需要、喜好和价值观，更加积极自主地对信息作出判断和选择。尝到"选择权"甜头的消费者就像青春期的叛逆少年，需要不着痕迹的引导和沟通技巧，而不能武断地告诉他们应该和不应该做什么。神州专车此举无异于小视了消费者的判断力，剥夺了他们自主选择的权利。互联网的技术赋权使消费者的地位发生了改变，这就要求品牌重新认识消费者，重新审视自己与消费者之间的联系。

2.重新认识"消费者"

营销领域的受众，也就是我们所说的消费者，如今正从被动的、安静的、不受瞩目的个体，变成积极主动的、喧闹嘈杂的、受人关注的群体。若想做好互联网时代的品牌营销，品牌对消费者的认知和态度就应发生相应的改变。

早在1981年，日本历史最悠久的广告公司——博报堂（HAKUHODO）就摒弃了"消费者"的说法，提出了"生活者"这一品牌理念。"生活者"的概念要比"消费者"更加广泛，它表达的是拥有自己的生活方式、抱负和梦想的人。在用户被称为"消费者"之前，他们首先是孩子的家长、工作岗位上的劳动者，或者是各种兴趣爱好团体的成员等各种不同的角色。只有从这样的角度去理解"消费者"，才能从日常生活的点滴中接触到他们，从文化、政治、心理、宗教等相关层面上影响他们。这种理念也许就是"原生"概念的雏形：只有通过深入用户的生活，洞察其接触点和关注点，才能"创造与人的生活紧密相连的品牌内容"，让品牌获得用户的青睐，成为其生活中不可或缺的一部分。

如今，年轻的消费者已经变得比以往更加苛刻，他们从出生起就习惯于有互联网和无线技术的陪伴，在对信息的获取和对社交媒体的掌控方面比前人更加得心应手，也因此在网络和现实世界拥有更大的影响力。然而，这群从小在数字海洋中浸泡长大的人对信息质量的要求极高，对媒介使用体验的要求也更高，他们会关闭弹窗广告，安装拦截广告的插件，甚至甘愿更换终端，躲避没有价值的营销轰炸，以保证自己的体验不被轻易打破。而原生广告就是在这样屏障重重的情况下帮助品牌进入用户视线，并且不致引起反感的营销手段。

消费者地位的改变让品牌不得不重新认识"消费者"这一概念，同时也令其认识到，要接近这样的消费者，"原生"的手段不是一个选择，而已然成为刚需。

二、重构媒体的营销价值

和以前相比，消费者对于媒介的消费方式有了很大的变化，不仅媒介的种类更加丰富，形态上也由静转动，时间上也从完整变得碎片化，唯一不变的是媒介始终在涨价。因此，营销人员开始思考该如何提高媒介使用的有效性，而不再抱持"不管讯息到达之后对方反应如何、效果如何，反正传播出去就好"的态度。反观"原生广告"的两大要求：一是不破坏用户的体验，即要自然融入媒体环境，让用户不至于"出戏"；二是为用户提供有价值的讯息，吸引用户更深度地吸收内容，变得更"入戏"。这些正是品牌摒弃过去单纯把媒体当作内容承载平台的做法，而从营销的角度去重新挖掘和利用媒体价值的尝试。

1.告别广告流水生产线

在移动互联的时代，"碎片化"是一个不可回避的概念。受众使用媒介的时间被不同的场景切割成一块块碎片化的时间，等车的时候、搭车的时候，甚至吃午餐的时候，受众都可能用来接收信息；而在以报纸、电视等传统媒体为主的时代，受众对媒介的使用是长时间且相对完整的。

但站在受众的角度来思考，这似乎又是另一番情景。无论是传统媒体还是新兴媒体，其经营者都需要不断地在用户体验和广告收益之间权衡关系，力图在不惹恼用户的情况下，通过广告获取尽可能多的收入。因此，我们看到媒体切割出大块的时间或版面，将其留给用户想要看到的内容，而把边角料卖给不同的广告主。因此，无论某一个平面或电视广告的创意多么惊人，它们都是在"被制作"，然后"被随机塞进某个空余碎片"的流水线上诞生的。这就导致了受众在使用媒体的过程中，其体验一直被毫不相关的营销信息所打断。比起时间上的碎片感，更令人恼怒的是体验上的碎片感，这大概也是消费者一直对广告有陈见的原因。

1994年10月27日，《连线》杂志的前身HotWire.com发布了互联网历史上的第一条横幅广告，为互联网的商业发展打下了基础。这句只写了"你试过点击这里吗？我知道你会的"的横幅广告在当时获得了44%的点击率。在横幅、链接以及弹窗广告还是网站最主要的广告形式和收入来源之时，互联网广告的生产创作还是相当容易的。标准化的尺寸和位置使得营销人员只用设计一条广告便能在众多网站上通用，因而自然对广告内容的差异化没有太高的要求。然而，近年来的数据显示，这类广告的效果已经大不如前了，横幅广告在2012年的点击率已经从2000年的9%跌至0.2%（数据来源：ComScore）；随着各种广告拦截和屏蔽技术的出现，这类广告的效果数据只会越来越难看。

原生广告之所以会兴起并在2014年席卷整个营销界，正是因为那些闪动在屏幕上方或者突然弹出打断阅读体验的广告形式已经让用户厌烦，而原生广告却能凭借将自身融入用户当下体验的精制内容中成功地吸引用户的注意，使品牌信息直接接触消费者。虽然消费者接触媒介的时间是碎片化的，但其体验却是完整的：如果看视频时看到剧中喜欢的服饰搭配，可以立即打开电商网站将其加入购物车；看到小说中描写的某一处心仪的景色，可以马上搜索景点介绍，甚至连机票酒店都能一起订好。此时消费者所有的媒介使用行为都围绕着当下他所感兴趣的主题展开。原生广告遵循消费者的这一使用习惯，它以不易察觉的形式加入到消费者的关注流之中，成为消费者自主选择的一部分。背后有大数据作支撑，搭载了精准匹配技术的新媒体、新应用，原生广告的用户体验毫无疑问会进一步优化，让品牌内容在最适宜的时刻、最恰当的位置，在最需要它的用户的屏幕上出现。

至此，以时空对广告内容和形式作粗暴切割和匹配的时代结束了，以不影响用户体验、不偏离用户关注轨道为原则的精制品牌内容正迅速崛起。

2.融入媒体语境

无论格局如何变化，一直以来，品牌营销的目的都只有一个，即利用创意的文字、画面、活动吸引消费者的注意，最终将品牌信息传递给消费者。3B原则（Beauty美女、Baby婴儿、Beast萌宠）以及不少吸引人眼球的经典广告都因此而诞生。而在移动互联时代，消费者的注意力被死死地黏在小小的手机屏幕上，有限的屏幕意味着更加有限的展示机会和苛刻的创意标准，消费者的关注变得越来越难以捕获。在这样的情况下，与其费力不讨好地要求消费者"跳出"所处情境，不如主动"融入"他们正在关注的事物当中，另辟蹊径，让品牌信息更为有效地到达受众。

事实上，原生广告并不是营销人员首次尝试进入受众的关注流当中，我们所熟悉的"植入式广告"就是典型的先例，只是目前植入的方式大多生硬，内容也多粗制滥造，常常会给受众以格格不入的观感；而原生广告不仅在形式上融入了媒体环境，在内容上也回归媒体最本质的功能——给受众提供所需的信息而非单纯的广告内容。我们不妨看看下面两个例子。

◎Anmum，倾听母亲的需要

安满（Anmum）是香港母婴用品行业的领导品牌之一，一直以来专注于为产期妇女提供营养乳品，但在新生儿速溶奶粉市场上仍然是新手。因此，当品牌想进入该市场时，就面临着迅速打开知名度、赢得妈妈们支持的艰巨挑战。然而，妈妈们的面前已经有了诸多选择，每天都被各种营销信息淹没，这让安满认识

图4-1　安满网页截图

图4-2 安满广告

到,品牌必须更深入地了解妈妈们的需要,给她们提供真正有价值的信息,才能获得挑剔的妈妈们的青睐。

安满首先在社交媒体上搭建了一个与妈妈们对话的平台,通过倾听她们的发言来锁定新晋妈妈在哺育孩子的过程中所遇到的种种问题。在获取了足够的信息之后,安满选中雅虎展开深入合作。雅虎将门户网站内所有妈妈最常用来搜索育儿信息的板块与专栏都打包提供给安满,在保证品牌内容曝光度的同时又能让信息自然地呈现在用户面前。安满从与妈妈们的对话中获得灵感,与雅虎的专业编辑团队一起创作了不少内容翔实的文章。这次营销活动的最大亮点在于,所有信息与疑问都来自真实的妈妈们,因此这些文章的内容也更加"实用",从而使蕴藏其中的品牌信息显得更加可靠。

最终,这次活动获得了极大的成功。活动期间,安满品牌官网的访问量较活动前增长了30万人次,品牌Facebook的粉丝人数也增长了30%。安满的成功之处在于,它充分利用了雅虎育儿专栏的功能与形式,在用户急需育儿资讯的情况下,首先通过倾听,明确她们最关心的问题,再通过与专业编辑团队的合作,让埋入了品牌内容的实用信息出现在妈妈们最常使用的板块,从而达到事半功倍的效果。

◎**有道词典**

除了传统意义上具有信息传播功能的媒体,在移动互联时代,几乎所有具备内容承载功能的平台都可以变身为媒体,通过自己的优势触及受众,比如拥有超过4亿用户的有道词典。有道词典如今已经成功地从工具类手机App转型为媒体平台,通过将品牌信息融入诸如"双语例句"、"每日一句"等内容服务之中,制作了大量与词典使用场景和功能相融合的原生广告,其中最受关注的就是与Surface的合作案例。有道词典将Surface Pro3的产品优势与词典提供的例句内容相结合,当用户搜索"性能"一词时,有道词典就会给出预埋有Surface产品信息的例句,让用户在寻找答案的过程中自然地接收到品牌信息,以实现用户、品牌和平台多赢的局面。

在这个受众权力膨胀、品牌传播之路愈发艰难的时代,通过精心剪裁内容的呈现形式,深度结合媒体的本质功能,让广告或营销信息融入用户正在关注的信息流之中,是营销人员得以将品牌内容传达至受众的基础。但是,这仅仅意味着迈出了第一步。

3.用内容与沟通创造共鸣

在用户卸下防备,自愿接收讯息之后,如何能让品牌内容给用户留下深刻且良好的印象,甚至让他们进一步主动传播和分享,才是原生广告更为关键的使命。除了保证一致的视觉体验和满足用户最基本的使用需求之外,原生广告的创作最终还得落脚在更为深刻的内容上。在Adyoulike(2011年创立于英国,欧洲领先的原生广告公司)一次面向1000名18—33岁英国公民的调查中,数据显示,有57%的受访者愿意认真阅读品牌赞助的广告内容,只要内容与自己相关,能让自己觉得有趣或者有用就行;而这一比例在18—24岁的年轻受访者中甚至高达63%。由此可见,在这个以"用户"为王的传播时代,如果想让目标群体从"接收"到"接受",主动与品牌发生更为深刻有效的互动,引发他们的"共鸣"就变得尤为重要了。

(1)共鸣的基础

"共鸣"除了意指"共振"这一物理现象,更多的是指"由别人的某种思想感情激发出相同的思想感情"。品牌如果想实现与消费者的共鸣,就必须比以往更了解消费者,深入他们的内心情感,洞察他们所关注、所思考的问题。最重要的是,品牌要针对问题表达出自己的态度与看法,这样才能最终实现和消费者的共鸣。

一是个人层面——情感共鸣。

立足于人性本身,通过触动情感来赢得共鸣一直是品牌善用的营销手段之一。广告人威廉·伯恩巴克(William Bernbach)曾言:"有件事是肯定不会变的,创作人员若能观察人类本性,以艺术的手法去感动人,他便能成功。"[①]当"原生"的形式帮助广告摆脱了刻意煽情的指责,将更加真实质朴的品牌故事呈现在消费者的面前时,直击消费者最柔软的内心似乎也变得更加容易了。下面来看几个例子。

◎触及普适情感——钙尔奇"弯腰妈妈"

如何从钙市场300多个品牌的激烈竞争中脱颖而出,让消费者在提高补钙意识的同时与钙尔奇这个特定的品牌发生关联,是钙尔奇在营销战役中所面临的一大挑战。在"为弯腰妈妈加骨劲"的系列营销活动中,钙尔奇用"亲情"这一最具普适性的情感将消费者与品牌联系起来,聚焦妈妈群体对补钙的需求,实现与消费者的共鸣。

图4-3 钙尔奇活动页面截图 1

钙尔奇借母亲节之势,与凤凰网原生营销团队携手,从新闻媒体的角度出发,洞悉妈妈群体的生活现状,阐述"弯腰妈妈"的现象随处可见;通过

---

① http://baike.renwuyi.com/2014-11/3385.html.

将母亲的奉献符号化为"弯腰"的动作来触发补钙的需求,最终明确钙尔奇为"弯腰好妈妈"提供持续关爱与无形支持的使命。凤凰网利用自身高质量的媒体资源和采编能力,围绕主题展开了一系列以关爱女性、感恩母爱为主题的深度报道,还邀来众多明星讲述她们作为母亲的体验。该活动专题覆盖了凤凰网站内所有与"母亲"相关的文章资讯的广告位,实现了PC端和无线端的整合传播。

图4-4　钙尔奇活动页面截图 2

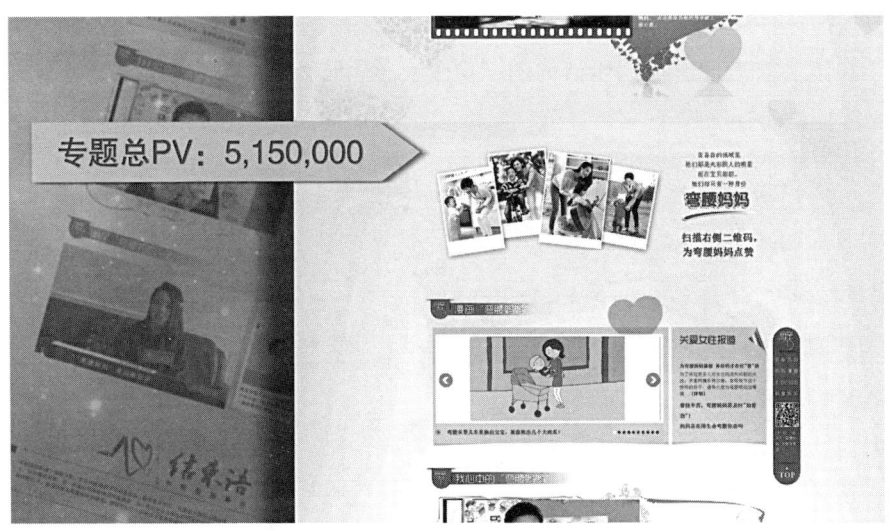

图4-5　钙尔奇活动页面截图 3

活动成功地吸引了妈妈群体及亲友团的关注与参与，最终获得了10家媒体的转发报道，专题总PV超500万次，视频点击量达770万次，整体曝光量超过2亿次。钙尔奇与凤凰网的这次合作从人们共通的情感出发，得以轻易打破受众心中为营销信息所设置的壁垒，再借助凤凰网强大的用户洞察、专业采编能力以及极高的曝光度，最终通过精制内容引发了受众共鸣，进一步巩固了品牌的偏好度和美誉度，获得了受众的信赖和认可。

◎ **尊重独立个体——宝洁"Like a Girl"**

数以百万计的消费群体首先是由一个个独立个体组成的，每一个体的独特性以及希望受人关注这种独特性的需求，随着受众权力的上升而变得尤为显著。品牌如果想实现与消费者的共鸣，重要的一步就是要体悟到这样的情感需求，并展现出自己对每一个个体的关注与尊重。

宝洁在营销战中一向擅长以情动人，只是这次它触动的不仅是人们的情感，更动摇了他们根深蒂固的观念——"像个女孩一样"（Like a Girl）不该是带有羞辱意味的判定。和一般的广告拍摄不一样，宝洁与李奥贝纳合作设计了一次"市场调查"，受访者包括上百名普通的少男少女和成熟的男性女性。创意人员并未告诉受访者这次调查的目的，甚至没有向他们透露这是一则为品牌拍摄的视频，因此受访者在该视频中呈现出的所有反应都是完全真实的——这又将"原生"内容的标准推上了新的高度。所有受访者都被要求在镜头前表现出他们所认为的"像个女孩一样跑步"、"像个女孩一样打架"应该是什么样子。

图4-6　宝洁"像个女孩一样"采访活动

从受访者一开始略带戏谑的表演，到有小女孩认真地说："我认为'像个女孩一样跑步'就是尽你所能地奔跑"，再到最后女孩们充满自信的回答，比如"我是个女孩，我会继续按我自己的方式生活，我并不认为身为女孩是令人羞愧的事"，又如"为什么'像个女孩一样奔跑'不能意味着取得胜利"。该视频的导演劳伦·格林菲尔德（Lauren Greenfield）在采访中表示，受访者们的表演打动了在场所有的工作人员，"拍摄这个纪录片的过程中，我最爱的就是能捕捉到那些意料之外的画面。这些画面也许并不符合商业广告的标准，但当它出现的时候，往往能产生最动人的化学反应"。在视频末尾，宝洁号召大家一起改变对"女孩"的刻板印象，给女孩们应有的尊重，让"像个女孩一样"成为一句由衷的赞美。该视频被放到各大热门网站上传播，截至2016年1月17日，该视频仅在YouTube上的浏览量就达到了6,044万人次。调查数据显示，在16—24岁的女性中，有76%的受访者在观看视频后认为"像个女孩一样"不再是一句羞辱人的话，而每三位看过视频的男性中就有两位表示今后不会再用"像个女孩一样"去攻击他人。

图4-7　宝洁"像个女孩一样"广告截图

社会上存在着不少对女性的偏见与不尊重，宝洁用最直接的方式将这一问题暴露在众人面前，并清晰地表明了自己的态度；再加上视频中呈现的是普通女性最真实的想法，这无疑能帮助宝洁打消受众对广告内容的疑虑，真正实现情感上的共鸣。

◎想给时间以激情——GoPro"热爱这个世界"

成长于数字时代的人们比以往任何一个年代的人都更不甘于平淡，他们强调情怀与梦想，追逐生活的激情；他们认为体面的事业和温馨的家庭固然重要，但也只能描绘出他人眼中的自己。这个时代的人更加崇尚鲜明的个性，认为只有用自己所热爱的实物才能定义自我，这也是为什么以"兴趣"为主导的各种圈子能逐渐建立起来的原因，深夜美食、限制级电影，还有独立音乐，都能成为人们聚在一起的理由。同样，人们也喜欢有情怀和梦想、敢于表达激情的品牌。

图 4-8 GoPro广告截图 1

GoPro是一个运动相机品牌。当大多数品牌都希望通过广告让消费者爱上自己的产品时，GoPro则希望他们首先爱上这个世界。GoPro用自家的运动相机拍摄了一支近5分钟的病毒视频，视频中展现了各种危险与魅力并存的运动项目，有高空攀岩、赛车、跳伞、潜水，还有滑雪等等。即使场景惊险到让恐高症患者光看画面就感到腿软，片中的每一位主人公依然流露出兴奋与投入的神情。

GoPro的生产总监，同时也是这支视频的策划者和拍摄者蒂德曼（Tidman）认为："人生真的是非常非常美好，充满了挑战却没有极限……我一直以来都在寻找人生中那些极致的瞬间，能够让看到它的人都深吸一口气，感到内心的震动。"GoPro的这支视频在各大社交媒体的帮助下瞬间传遍全球，蒂德曼认为该视频的力量在于它是一个没有出现品牌的品牌广告。

视频中的所有内容都在讲述一个个激动人心的故事，品牌产品仅仅是作为故事的记录者而存在。GoPro不仅通过视频展现了自己的品牌情怀，而且也燃起了人们对运动、梦想和生活的激情。

图4-9 GoPro广告截图 2

二是社会层面——观念共鸣。

伴随着互联网技术成长起来的一代，除了重视内心情感以及希望被关注以外，还有另一特点，就是他们身上所具有的亲社会行为特征（Prosocial Behavior）。这一代人被有关这个社会乃至这个世界的信息浸泡着长大，比起他们的父辈，他们更关注社会动态，更愿意为造福他人和整个社会作出努力。当这种行为投射到他们对待品牌的态度上时，他们就会更倾向于那些具有社会责任感、致力于为社会带来积极改变的品牌。当面对环境保护、社会福祉这类人们永恒关注的宏大命题时，如果品牌能与人们站在一起，展现出自己对这些问题的洞察、关注以及为之而付出的努力，必然能引起用户的共鸣。

◎尼雅——"不做赶路人"

在经济高速增长的当下，我们每个人都被催促着向前，我们的时间和生活品质也在被压缩。当整个社会都笼罩在这种急迫和紧张的生活状态中时，其产生的负面影响并不亚于那些更为显著的社会问题。虽然许多品牌都曾提出"慢生活"的理念，但却鲜有品牌像尼雅这样，能够站在社会环境的高度，严肃且深刻地探讨这一问题。

尼雅携手始终关注中国国民生存状态和精神发展的凤凰网，发现并深入调查人们的生存现状，提出"不做赶路人"的品牌口号，通过倡导健康精致的人生状态来潜移默化地传播尼雅的品牌文化。该系列活动首先借势世界杯，聚焦球星的"慢"故事，依托凤凰网内的图文专栏将尼雅品牌理念完美、原生地融入其中，引发受众的关注。凤凰原生营销团队还邀请了多位行业名人开展"慢意人生讨论会"等活动，将话题热度从线上延续至线下；同时凤凰系的著名主持人也从自己的人生经历出发，追寻中国人生存现状的问题根源，提出"如何不赶路"的解决方法。最后，作为整个活动的高潮，凤凰网力邀国宝级京剧艺术家梅葆玖、著名男高音歌唱家戴玉强及著名影星吴秀波等五位来自不同行业的精英在凤凰卫视的节目中讲述他们"不赶路"的人生故事。最终，尼雅世界杯专题曝光达2000万次，定制"慢"专题的PV逾13万次。

这场营销战以凤凰网的全媒体资源为阵地，用多方面公共平台资源配合传播，全面炒热话题；通过深刻的社会洞察、真实的调查内容，以及名人的人生经历有效地引发消费者对生活状态的反思，也让尼雅"慢"的品牌艺术得到有效的传达。

图4-10　尼雅"不做赶路人"活动截图 1

胡玲：你的心，在赶路吗？

2014/07/20 12:04
来源：凤凰网商业

凤凰卫视记者 胡玲

北京，1和6车牌限行的日子，下班高峰，路况一片红压压，你却要从大西头，开个大调角到东边CBD，赶个不能让对方等的专访，再加上头顶的PM2.5数值两三百的重度雾霾——这世道，最让人崩溃的一切，都基本聚齐了。专访的对象，是大器晚成儒雅熟男吴秀波，专访的主题，"不做赶路人"——这绝对是当下所有人的心声。这五个字在我的心里，飘荡来蔓延开，却脑子和手脚，却现实地只想快些，再快些，一脚油门配一个急刹，见缝插针，推拿挪移，怎一个"赶"字了得……

图4-11 尼雅"不做赶路人"活动截图 2

◎星巴克——娓娓道来的公益故事

品牌关注社会问题固然重要，但从品牌传播的角度来说，如何向受众展现自己的关注以及为解决问题所作出的努力更加重要。Upworthy是一家致力于快速传播有意义的信息和图片的资讯网站，该网站不断寻找值得深挖的新闻点，用视频和图片来分享热点话题。2014年4月，星巴克携手Upworthy与消费者分享了这样一个励志故事——一位失去听力的年轻女性在星巴克的帮助下加入到由听障人士组成的互助团体，最终收获了归属感——这个互助团体正是星巴克成立的公益项目之一。Upworthy帮助星巴克将这个故事包装为新闻热点，并推送到那些钟爱催泪剧情的用户面前。

配以柔和的旋律，片中主人公用手语讲述了自己从茫然无助到融入团体，生活因此而改变的心路历程。星巴克虽然仅仅作为故事背景出现，却毫不刻意地向用户展现了品牌在社会公益事业上所作出的努力，以及这些努力最终为他人带来了怎样积极的改变。当用户被柔软的故事所打动时，也会对星巴克的品牌使命有所感悟。

图4-12　星巴克视频截图

该视频首先在Upworthy平台上推出，随后引爆了各大社交网站，共获得超过1,500万次的浏览，同时也为品牌收获了600万次的粉丝互动。最重要的是，有17%的用户在观看该视频后认为，星巴克确实是一个致力于让未来社会变得更美好的品牌。

◎**壳牌——关注未来能源**

作为世界上最大的跨国石油公司，虽然壳牌比对手享有更好的声誉，但人们依然视它为石油行业的一部分，始终对品牌抱持怀疑的态度。为了改善人们对品牌的认知，壳牌急需一个权威的渠道来与这群苛刻的消费者取得联系，通过和他们一起思考和讨论来说服他们，让他们相信壳牌一直都在关注并尝试解决未来的能源问题。因此，壳牌找到《纽约时报》作为合作伙伴。除了因为《纽约时报》的媒体形象足够可靠和权威之外，更重要的是它拥有一批对能源问题高度关注且态度激进的读者群体，只有在它的帮助下，壳牌才能顺利地将自己对能源问题的态度以专题文章的形式传递到这群人面前。

图4-13　壳牌广告

竞立传媒的创意人员与《纽约时报》的编辑团队紧密合作，创作了以城市用电为主题的平面指南。壳牌甚至采用了"增强现实"技术（Augmented Reality，简称AR），当读者打开Blippar（著名增强现实广告平台）App，只要将手机置于专题之上，就能看到壳牌精心制作的有关城市能源探索的视频。人们还可以进一步登录壳牌官网来获取更多资讯，包括一部由无人机拍摄的有关底特律是如何打造绿色城市的短片。没有任何生硬的广告信息，没有强行打断读者的阅读体验，壳牌只是借助于《纽约时报》的平台讲述了一个为绿色未来而奋斗的故事，却能在吸引读者深度阅读的同时，无形地传达壳牌对解决能源需求和可持续发展问题的品牌承诺。

这次尝试对壳牌来说是一次巨大的胜利。截至2015年年底，该活动的推广视频获得了逾8,200万的浏览量，有近4万人登录壳牌官网，进一步在线体验该活动。最重要的是，有调查数据显示，壳牌的品牌形象得到了前所未有的提升，消费者对壳牌的品牌好感度大幅提升，信赖感也得到了极大的提高，更多的人开始认为壳牌是一家"现代化的能源公司"，并且

"致力于为人类提供一个能源可持续发展的未来"。

Sharethrough在2013年的一份研究报告中显示,提升品牌认知度、塑造品牌形象和提高品牌亲和力是原生广告最重要的三大营销目标;与此相比,增强购买意愿的目标反而显得不那么重要。这一结论告诉我们,原生营销从来都是一场品牌层面上的战役,而不以驱动销售为目的。因此,在原生的广告内容中,品牌或者产品会相对隐形,更为重要的是借助媒体的资源和力量,触及消费者内心深处的情感,探讨消费者所关注的话题,解决消费者所忧心的问题,以此与他们形成共鸣,吸引他们更深入地与品牌内容互动。

(2) 用沟通与互动延续共鸣

原生广告能提供用户感兴趣的、与他们的生活息息相关的内容,是实现"共鸣"的前提。而社交平台的出现不仅能让用户更方便地接收讯息,同时还能为他们作出反馈提供极大的便利。互联网的技术赋权已经让受众变得愈发主动,变得更喜欢质疑品牌和产品,喜欢发表自己的观点。与此同时,受众也越来越在意自己对品牌的价值,除了希望品牌能想自己所想之外,还希望品牌对自己的意见和问题迅速作出回应。换句话说,当受众发现品牌的某个理念与自己的观点不谋而合时,便会希望与品牌进一步对话,分享自己的故事,说出自己的想法;而这也正是品牌所需要的。瞬间的共鸣无法转化为长久而稳固的品牌关系,只有品牌与受众之间持续的沟通与互动才能延续并进一步加强品牌内容的效果。

越来越多的品牌开始利用社交平台的沟通便利来尝试拟人化的营销手法,比如微博上相当火爆的"小杜杜"(杜蕾斯官方微博)和"碧浪姐"(碧浪洗衣粉官方微博)。这两个微博的管理者并非以品牌的身份发布沉闷的信息,而更像两个真实存在且性格鲜明的人在与消费者对话。前者是爱讲黄色笑话的淘气男生;后者如小S般,一副性格泼辣、言辞犀利的少妇形象。品牌在社交平台上创造出一个善于倾听的角色,将营销企图埋藏在软文、评论与点赞等形式中,利用鲜明的个性与消费者沟通。这种营销方式带来的改变就是消费者开始与品牌培养起类人际的情感关系。

联想在2014年制作了名为"艰难赛季(Tough Season)"的网络电视节目,节目中虚构的主人公布拉德·布里文斯(Brad Blevins)发起了一场"摧毁电脑"的比赛。在比赛中,他要用联想Yoga笔记本电脑去砸毁其他电脑。现实生活中真正的NFL明星,包括来自芝加哥小熊队、华盛顿红皮队的多位大牌明星与联想的虚拟主人公组成战队,在个人Twitter上与其他"队友"互动,好像他们真的加入到了这个无厘头的战队中。最重要的是,布拉德·布里文斯这个虚构出来的人物形象也有了自己的Twitter账号,常常如同视频中那样贱贱地回答网友的提问、与其他球星互动。这进一步模糊了现实与虚构的界限,让用户更加深度地卷入这场游戏之中,把布拉德·布里文斯自傲又搞怪的个人形象"附体"于联想品牌之上。

联想第一"赛季"的视频共收获了1,350万次浏览,而粉丝们也与这些虚构的角色进行了上万次互动。在这种类似真实人际沟通的互动下,即使品牌不在沟通内容中加入任何广告信息,消费者与品牌间的关系也会随着互动的增加而变得更强劲和持久,使品牌最终能凭借这一关系收获更长远的利益。

图4-14 联想网络电视节目截图

(3)用社交平台扩大影响

无法实现大规模传播一直是原生广告的一大弊端。为了更好地融入媒体环境,原生广告往往需要根据特定的媒体形式量体裁衣,这往往导致精心编排的内容无法被高效地转载到其他媒体平台,难以在更大的范围内发挥内容的价值。因此,社交分享就变成了原生广告传播过程中的重要一环。

社交分享虽然并非原生广告的必要条件（毕竟在传统媒体上依然存在许多无法被一键转发但依旧经典的原生广告），但却是能让广告效果加倍的重要部分。分享、点赞或其他社会化的推广手段都能够扩大和延伸广告的影响范围，提升品牌的知名度。因此，时刻把握社交平台上的话题热点，找到最适合传播的社交平台就成了保证广告活动影响范围的前提。

除此之外，利用每一次活动的机会建立和壮大自己的品牌社区也是品牌需要关注的使命之一。在一个由品牌拥趸组成的社区当中，消费者对品牌的偏爱会互相影响，只要品牌把控得当，就能把社区中的小粉丝变成"重度脑残粉"，让品牌信息更加隐形。社区粉丝间那种形式上虚拟但情感上真实的社会关系给消费者带来了社会认同、关系建立以及自我表达等利益，而感知到这种利益的消费者会更加倾向于自主地分享内容，更深度地参与到与品牌的互动中来。因此，品牌社区中的每一次互动最终都会增强品牌与消费者之间的长期关系，如此积累下来，其效果可能更甚于"传统"原生广告所带来的品牌好感。

三、效果评估的"量"与"质"

从传统媒体时代诸如报纸杂志的发行量、电视节目的收视率等，到互联网时代网络视频或博客文章的浏览量以及横幅广告、弹窗广告的点击率，这些所谓的效果评估标准其实更像是用来收取广告费用的计量型指标，无法更深入地判断用户消费内容的情况。尤其是到了近几年，原生广告盛行，营销人员将品牌内容埋藏在看似无关的信息之中，就更需要用户与品牌内容进行更深度的互动而不仅仅是一次简单的点击。只有这样，才能保证品牌内容有效地触达消费者。

1.原生价值评估体系的基础

比起粗放的传统广告形式，原生广告更需要的是精准的"效果"评估指标而非计费指标。因此，许多原生广告平台尝试针对原生广告的特征设定一些新的衡量方式，越来越多的媒体将单纯的点击率与基于时间长短的指标相结合，比如前文提到的Upworthy就强调"关注时长"的重要性。"关注时长"是指人们在阅读一个页面时所花费的时间，时间越长，表示用户在阅读时越深入。有的网站甚至能够记录用户鼠标滚动的位置，当用户可能因为某件事情——比如遛狗或者临时接了个电话——而暂时停止了阅读时，系统会把这段时间剔除，最终仍然可以得出用户花在一篇文章上的总时长。作为原生广告的主要推行者之一，BuzzFeed则进一步提出了"社会品牌提升"（Social Brand Lift）这一概念，认为原生广告的成功与否取决于其内容被分享的次数，因为这代表着原生广告让消费者产生了更多的品牌认同感。BuzzFeed联合创始人乔纳·佩雷蒂认为，在社交网络市场，以"分享"这种病毒性扩张方式作为衡量广告效果的标尺要比点击率更加准确。虽然以上这些衡量标准仍然以数字为主导，但我们已经可以从中窥见品牌和营销人员从简单的计算收益到开始重视广告内容给整体品牌带来的影响的思维转变。

2. NATIVE，首个原生营销价值评估体系

作为国内第一家提出原生营销理念的媒体平台，凤凰网于2014年联合全球领先的市场研究机构华通明略（Millward Brown），发布了首个原生营销价值评估指标体系，为国内混乱的原生广告市场提供了一套可供参考、可操作和可量化的效果评估标准，将原生营销的概念真正落到实处。华通明略综合运用眼动测试、全网检测等新技术，以凤凰网多个原生营销案例为样本，经过研究后发现，原生营销能有效地提升用户关注度，激发传播量，并最终与消费者之间产生更高价值的共鸣。基于这项研究，合作双方确立了以NATIVE为首字母的原生营销效果量化模型，包括六项具体指标：

图4-15 NATIVE系统图示

N（No Resist）融入情境：第一阶段是原生营销最基础的阶段，即在视觉和语境上完全融入媒体环境，除了保证原生内容与页面一致外，还需用符合媒体风格的方式与用户沟通，以确保用户的阅读体验。在这一阶段，侵扰度（Interruption）越低、协调性（Harmony）越高的广告，其原生效果就越佳。

A（Attention）引发关注：在自然融入用户的关注流并被用户所接受后，原生内容需要吸引用户进一步阅读。这时，原生内容的吸引力越强，其内容的可见度（Opportunity to See）就越高；用户在该内容上停留的时间越长，说明对其内容的关注度（Attention Holding）越高，这时原生内容对消费者的作用力就越强。

T（Trigger）引爆兴趣：原生内容产生的作用力到底是正面的还是负面的？这就要看该内容是否切中了用户的兴趣点。原生营销通过锁定目标人群、实现精准投放来确保用户看到的是自己所需要或者感兴趣的内容。用户对原生内容的喜好度（Likeness）越高，就越有可能将其分享给身边的朋友，从而实现与原生内容更深度的互动（Interaction）。

I（Inspire）激发传播：如果原生营销为用户提供了足够有用、有趣、有价值的内容，就会激发用户乃至各路媒体的转载或报道，从而进一步扩大原生营销的作用力。在这一阶段，凤凰系媒体的使用程度（自媒体传播）、其他媒体对信息的转载情况（跨媒体传播），以及原生内容是否引爆了社交媒体（社会媒体自发传播），舆论情况是否按照预设好的方向发展，都是衡量原生营销效果的重要标准。

V（Vitalize）活跃品牌：在用户深度卷入看似与品牌无关的原生内容之后，他们是否能接收到蕴藏其中的品牌信息，是否真正对品牌或产品产生兴趣和记忆并主动搜寻相关的品牌信息，是这一阶段的衡量标准。

E（Enrich）产生共鸣：原生营销除了要让用户对产品产生期待和购买欲望外，更重要的是要在长远的、品牌的层面上施加影响。如果原生营销的内容能立体地传递出品牌的文化精神与价值观念，引发用户对品牌内容的共鸣，并因此增强了用户对品牌的认同感，就可以认为品牌成功地在用户脑海中打下了清晰的印记。

以凤凰网与飞利浦联手打造的"医"系列纪录片为例。2014年,针对愈演愈烈的医患矛盾,飞利浦与凤凰网合作拍摄了国内首部医患题材纪录片《医》,向凤凰网的受众,同时也是飞利浦的用户展现中国最真实的医生形象。该纪录片邀请了来自心脏外科、急诊科、儿童医院等医疗机构的五位医生,让他们在纪录片中讲述了自己的故事。纪录片上线之后,凤凰网还号召网友为医生点赞,联合线下的五家医院,在圣诞、元旦双节期间为医生寄出了3000张写满祝福的明信片。

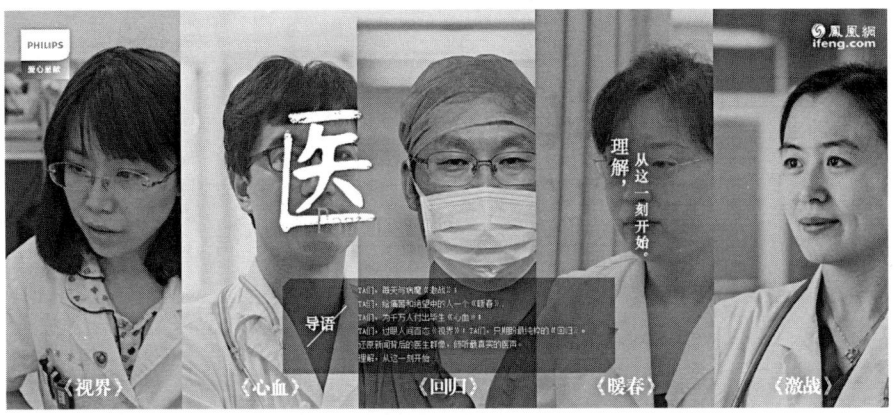

图4-16　飞利浦"医"系列截图1

图4-17　飞利浦"医"系列截图2

该活动虽然是以营销为目的，但它首先以纪录片的形式在凤凰网站内上线，严肃的话题、专业的拍摄都让该视频自然地成为凤凰网诸多深度报道中的一个。同时，这一原生营销系列选取最尖锐，也是和公众生活最息息相关的医患问题为主题，从选题上就足够引人关注；项目又邀来《舌尖上的中国2》的导演团队，用医生最真实的工作和生活状态打动人心。最终，该系列纪录片的总浏览量达900万人次，不仅引来了60家媒体的争相报道，还吸引了多位意见领袖自发地在自媒体平台上进行传播，激发了社会对媒体、医生、患者之间关系的热议。根据凤凰网NATIVE原生营销价值评估体系，飞利浦"医"专题页中的品牌信息露出自然，并没有影响用户浏览页面的顺畅感，有93%的用户认为品牌信息与页面表达的内容相协调；医护人员群体对飞利浦品牌产品的期待增强，产品预购量得到显著提升，同时品牌美誉度也提高了12%。除此之外，通过该系列活动，用户对于飞利浦"理解，从这一刻开始"的品牌理念的认知度大幅提高了3倍，而对于飞利浦"关心理解医护人员"的品牌印象度更是提高了14倍。

结合飞利浦的原生营销案例不难看出，NATIVE原生营销效果价值评估体系展现的其实是一个层层递进的过程。如果原生内容自然融入了媒体环境，就会让用户从被动接受转为主动观看；如果原生内容足够有趣、有用，就能提升用户的卷入度，甚至激发用户自主地扩大传播；最为重要的是，原生营销内容能够全面传达品牌层面上的信息，有效地促成用户与品牌之间在情感和价值观念上形成共鸣，从而提高品牌的认可度和美誉度。

下 编
原生·未来

第五章　场景与故事

　　小王子有一颗属于自己的小星球,有一天他的星球上忽然绽放了一朵娇艳的玫瑰花。从前,这个星球上只有一些无名的小花,小王子从没有见过如此美丽的花。从此以后,他爱上了这朵玫瑰花,细心地呵护它、照料它。在那段日子里,他以为这枝玫瑰花是人世间唯一的花,这花只存在于他的星球之上。然而,当他来到地球上时,仅在一个小花园里就发现了成千上万朵完全一样的玫瑰花。此时,他才知道,原来他所拥有的只不过是一朵普通的玫瑰花。最初,这个发现让小王子痛苦不已。随着时光的流逝,小王子渐渐明白:尽管这世上有无数朵玫瑰花,但是在他的星球上的那一朵却是独一无二的。因为只有在那朵玫瑰花身上,他付出了时间和情感:他给她浇水,为她遮风挡雨,为她驱赶毛毛虫,倾听她的哭诉,欣赏她的娇艳,聆听她的沉默,陪伴她的孤寂……这些都足以让他的玫瑰花变得与众不同,于他而言最为重要。小王子与他的玫瑰花产生了情感,他们彼此需要,这才最重要。在不同人的眼里,小王子和他的玫瑰花代表了不同的情感,会引发不同的想象,但有一点是相同的:他们为所有人呈现了一段迷人的故事。

　　故事中有画面,有场景,还有令人动容的情感和引人深思的寓意,这才是小王子和他的玫瑰花撩人心弦的原因所在。

一、场景：空间与情境的创设

传统媒体多以空间占领为主，数字媒体则多以制造场景和重构关系为主，而场景是超越空间而存在的。移动时代的到来，强化了体验与场景的意义，而移动传播的本质也是基于场景的服务。2015年，我们迎来了"互联网＋"的元年，场景思维已成为不可或缺的元素。在"互联网＋"时代，我们需要重新定义人与信息、人与服务以及人与人之间的关系，以人为中心，连接一切，信息技术的迭代更新不断强化着用户的体验，场景将会是新常态。移动互联网时代造就了以内容、互动、体验为核心的模式。在"互联网＋"的时代，我们回归人的本源，以人为中心，通过场景建立新的入口，连通一切。

1.关系：环境特征的黏合剂

当我们谈论"场景"时，我们不仅仅是指空间位置，而是包含了更多层面的意义。这里的场景，包含了特定空间或行为关系的环境特征，以及人们在此环境中的行为模式与互动方式。空间关系与环境特征不可等同，但两者又密不可分，必须被当作一个整体来看待。

空间与环境还与人们的生活惯性密切相关，很多时候，还与一定的时间因素相关联。基于空间与环境的变量因素，我们可以将"场景"分为固定场景和移动场景两种类型，这其中包括了两者间的交叉：固定场景中的移动场景和移动场景中的固定场景，以及公共空间与私密空间的相互穿插，这些分别表征了人们在使用移动媒体时的不同情境。

人们在相对静止的状态下所处的空间环境即为固定场景，它与人们的日常形态、生活节点以及惯习相关联，通常状况下，人们与它们的关系是稳定的，可视作一个常量。

过去，在以个人电脑为上网终端的时代，人们使用互联网的固定场景大多局限于客厅、书房等家庭空间与办公室、咖啡厅等公共空间。随着移动互联时代的到来，家庭空间、公共空间等更多类似的固定场景正在慢慢向卫生间、卧室、餐厅等生活性、私密性空间延伸。

我们发现，移动终端在不知不觉中改变着家庭中的媒体使用场景，同时也在影响着家庭成员之间的关系，影响着每一个社会成员间的沟通与交流方式。移动终端似乎把人们的一切零散时间都利用了起来,但同时又把一切时间切割成了碎片。移动终端的使用场景逐渐从开放性的公共空间蔓延到愈加隐蔽的私人空间,移动终端几乎进入了人们日常生活的每一个场景,并且来势汹汹,它打破了人们以往生活与工作场景的自主性和封闭性,使得工作与学习、休息与娱乐间的界限变得模糊不清,同时也加剧了移动信息消费的碎片化特征。

移动终端严重影响了人际关系与媒体的使用场景,随之而来的是不断割裂的家庭关系与日渐松散的社会联系。而场景要素的开发与利用正是要针对现有家庭成员、社会成员间相应的场景分裂现象,挖掘更多的功能与价值,弥补和连接渐显残缺的家庭和社会关系,努力促进家庭成员和每一个社会成员间的良好互动与交流。这也应被视为当下以及未来一段时间内场景营销的核心问题来对待。

人们在移动状态下所处的环境与从事的活动属于移动场景,它是一个变量,且有相应的参照系,常常是一种相对的状态。移动场景对于每一个特定的用户来说,意味着快速切换的时空,其中每一个场景都会带来不同的需求。这里需要强调的是,人们经历的很多移动场景都是在不同的固定场景中完成的。换句话说,移动场景的建立需要对应的参照物,即固定场景。例如,人们在旅途中经历的酒店、商场、景点、餐厅等空间的切换动作都是基于某些固定场景上的行为。对于人们所处的移动场景的考察,更多的是针对人们在移动过程中遭遇的不同固定场景的空间交错与场景使用问题的研究。

在用户移动场景的分析与应用方面,目前人们比较关注的是用户当下所处的位置以及行为意义,若从更长远的角度来看,对移动场景的深入分析与进一步应用还涉及更多、更广的层面。除了人们所熟悉的用户当下的行为状态之外,还要考虑用户从哪儿来、到哪儿去的问题。场景分析要从三个空间入手,把用户当成一个"完整"的人来看待。在分析和满足用户当下场景中的需求之余,还需要分析用户在此之前的空间与当下空间的关系,分析用户此前的行为模式与当下行为模式的关联性。把握了用户此前和当下的动态与联系,还要考察用户后续的行为,了解用户下一步的动向,以便为其提供帮助,且最大可能地发掘、引导用户更多的需求。

对于用户此前行为的分析，可以使我们更好地掌握用户此时此刻行为的目的和动作特征。例如，某个消费者在逛街时顺便去商场旁边的电影院看了一场电影，这与她从其他地方赶来专门去该影院看电影存在着很大的差别。逛街顺带看电影，表明她在影院的消费场景只是她的一个中转空间与环境，她选择看电影可能只是为了打发时间，而电影的选择也带有很大的随意性。此时，对于第一种情况而言，若想让该消费者再次甚至多次光临这家影院，就需要在满足用户当下需求的同时诱导出其新的需求。例如，商场可以开展优惠活动，顾客只要在商场内任意消费就可以获得该影院的电影打折券，消费越多折扣越多，类似手段均可以诱发用户的再次光临。而那些专门前往影院观看影片的用户，他们对于观影有明确的需求，这些人可能是为了某部电影的首映礼或是为了支持某个明星的票房。针对这样的用户群体，商家需要做的就不再是需求的诱导，而是应该更好地满足他们的现有需要。

此外，在满足了用户当下的需求后，还需要预测他们下一步的动向并竭力诱导其未来的行为走向，这样方可产生新的产品空间。例如，对于观影完毕的观众，商家可以利用多种多样的促销手段引导他们去周边的餐厅用餐或推荐他们去旁边的商店购物，这都是在移动场景可利用的分析范围之内。用户移动场景的深层次分析与应用需要大数据以及更多信息科技的支持，在此基础上方可展现出更大的价值空间。

2.空间：用户行为的作用力

无论是在固定场景还是移动场景中，人们的当下状态都会与空间因素共同作用。用户的当下状态是用户在此时此地的种种身体、行为、需求等数据的集合，它们可能是基于用户以往的生活惯性，也可能是偶然的、突发性的。我们在关注用户所处空间要素的同时，还要关照他们的实时状态，这样才可为用户提供个性化服务。

用户的实时状态不仅仅表现为他们自身的相关性数据，也体现为他们所感兴趣的环境信息。每个人周围的环境信息往往十分复杂，但并非所有的信息都会引起他们的注意，人们通常只会抓取自己感兴趣的部分为己所用。了解用户所捕捉的信息是解读他们当下行为的一个关键性因素。

用户实时状态的捕捉与分析在过去是很难实现的，而在今天，媒体科技的发展与可穿戴设备的出现，为这项工作的数据采集与实时加工创造了可能。

谷歌于2012年4月发布了一款"拓展现实"设备——Google眼镜，它是一款增强现实型穿戴式智能眼镜，具有和智能手机一样的功能，用户可以通过自己的声音控制拍照、视频通话、辨明方向以及上网冲浪、处理文字信息和电子邮件等。Google眼镜集智能手机、GPS、相机功能于一身，在用户眼前展现实时信息，用户只要眨眨眼就能完成拍照上传、收发信息、查询天气路况等操作；同时，Google眼镜还可同任意一款支持蓝牙的智能手机同步使用。

佩戴Google眼镜的用户常有置身未来之感，屏上科幻电影般实时实景的再现可以帮助他们导航与规划路线。不管用户是在骑车、搭乘公共交通还是在自驾或步行，Google眼镜都可以提供实时准确的在线导航。

而英特尔公司推出的环境感知营销解决方案则把用户的实时数据采集推向了应用层面，它制作的动态数字广告牌会根据观众的年龄和性别变更所展示的广告内容；当一位消费者路过某款内置有英特尔处理器的数字广告牌时，英特尔的广告框架技术便可分析包括天气、社交媒体、顾客手机在内的信息，进而调整广告内容和用户界面，增强与用户的相关性，提供个性化的内容。

这些探索意味着对用户实时状态的数据采集与分析可以结合起来，成为用户群体分析的依据。例如，把一个超市内所有顾客的路线移动、视线移动等数据集合起来，就可以帮助管理人员了解顾客在超市内活动的一般规律，了解哪些商品受到顾客关注；同时，也可以将这样的观察聚焦于某一个特定区域，研究特定品牌的产品受用户关注的程度。由此可见，对场景中用户状态的分析，不仅可以使我们掌握此时此地的个别用户，还可以作为研究用户群体的一种新手段。

3. 惯习：场景逻辑的发生

人们在各种场景下的需求与行为模式常常会带有他们以往的生活印记，会刻有惯习的烙印，惯习与特定场域的结合将是营销人员理解人们行为走向的基本依据。因此，对于场景的分析，要结合用户的惯习与特定场域的关联性。

对于惯习,可以作以下的理解:首先,惯习是一种持久的、可转移的禀性系统。而禀性就是以某种方式进行感知、感觉、行动和思考的倾向,这种倾向是每个人由于其生存的客观条件和社会经历而通常以无意识的方式内化并纳入自身的。说它持久,是因为即使这些秉性在我们的经历中可以改变,它们也会深深地扎根于我们身上,并倾向于抗拒变化,因而会在人的生命中显示出某种连续性。说它可转移,是因为在某种经验过程中获得的禀性(例如家庭经验)在经验的其他领域(例如职业)也会产生效果,这是人作为统一体的首要因素。说它系统,是因为这些禀性倾向于在它们之间形成一致性。其次,惯习在人的潜意识层面上发挥作用。再次,惯习还包括个人的知识和对世界的理解,这就造成了与现实世界的"分离",因为个人知识有一种对现实世界重构的力量。

惯习是人们在实践中形成的,反之,这种惯习又作用于人们的实践活动。惯习与场域的关系体现在两个方面:一方面,它是一种客观存在的制约关系,场域构造了惯习,这是一个场域内在需要外显的产物;另一方面,它是一种认识的构建关系,惯习将场域构建成一个有意义的、有价值的世界,值得个体的能量为之进行投资。

数字化的今天,人们的生活惯习越来越多地被以数据的方式加以收集,并通过数据库进行储存。惯习与场域的结合,将有助于人们对场景的理解和对场景的进一步开发与利用。而场景分析的目标,则是将某一个对象识别出来并与其数据库进行匹配,随之提供个性化的服务,而其中对于用户的识别与匹配都有赖于大数据与传感器等信息科技的支持。

2014年年初,英国维珍航空公司开展了一项以Google眼镜和索尼智能手表等为助手的服务性试验。利用这两种可穿戴式设备,维珍航空公司的工作人员可以实时识别出头等舱的旅客并获取他们的信息,包括饮食偏好、上次出行的信息、最终目的地等,从而为其提供及时、良好的个性化服务。

4.社交:场景氛围的关系营造

场景并非只与空间有关,它还包括各种社交氛围。社交媒体将成为场景时代的一个新入口,人们通过在线交谈,明确自己的喜好、所处的位置以及自身所寻找的目标。社交媒体与大数据等信息科技的融合,将成为极具个性化内容的源泉。这些内容会使得技术越来越了解你,它知道你是谁、你正在做什么以及接下来可能做什么。

社交媒体提供场景氛围,尽管这样的"场景"并非移动时代所独有,但是社交氛围对于人们的日常活动(包括空间的变化方向)有着显著的影响,而且这种影响在今天变得越来越突出。对社交媒体中用户与其相关者的数据分析,可以作为场景分析的另一维度的支持。

下面我们来看几个案例。

◎亚马逊迎来20周岁,7月15日推出Prime Day大促销

2015年7月15日,亚马逊在迎来20周年庆生的同时开启了年中大促销,它不再满足于一年一度的年底黑色星期五(Black Friday)促销,而是开启了针对Prime会员的年中促销。不同于黑色星期五的是,这次促销不仅限于美国,而是一次全球性的:在日本、德国、英国、法国、加拿大等国家,亚马逊同时开启大促销,商品涵盖了电子数码、玩具、游戏、服饰、运动户外等20个品类。

图5-1 亚马逊Prime Day大促销

这是亚马逊在营销上的一次全新尝试,它借助于已有的成熟平台框架,充分利用自身的用户资源与品牌的媒体属性,开启了一场全球狂欢。可以说,这是亚马逊的一次场景式营销初探:亚马逊利用社交媒体打通社交氛围,强化活动主题,挖掘用户数据,分析用户消费的惯习与特定场域的关

系，开展全球大促销。活动整合了消费者的共性，并最大化地满足他们的个性，为其精心打造了一场盛大的宴会，提供了节日般的氛围，让消费者们一起痛快享乐。

◎耐克大型营销活动"只为更赞"移步莫斯科：用壁画和Gif呈现

2015年4月，耐克女性系列在美国开展了激励人心的营销战役"只为更赞"（#Better for It）。随即，这个运动服装巨头又将目标瞄准了俄罗斯。相比在美国，此次广告表现出的女性形象更加坚强，其中的女性明显表现出对不安、悲痛的容忍以及对不断提升自我的要求。其中，俄罗斯运动员表现出为自尊而挑战的情景，她们愿意忍受苦痛去追求卓越与荣耀。除了职业运动员的广告之外，耐克也将Instagram里的女生健身图片帖子变为墙体海报，投放在莫斯科的街道。此次营销运动名为"莫斯科现实生活中的女生"，力图捕捉在俄罗斯日渐流行的运动风潮，并展现那些活跃在其中的思想自由、精神自由、热爱跑鞋甚于高跟鞋、通过健身而非热衷节食来保持身材的女性。

图5-2　耐克"只为更赞"墙体海报系列

耐克"只为更赞"的营销活动再现了场景的力量，它通过大型墙体海报展现俄罗斯女性日常运动、健身等积极向上的图景。墙体海报力图展现女性崇尚运动、健康活泼的阳光形象，通过运动、健身场景的再现，彰显耐克品牌的文化内涵，从而提升品牌的形象，为产品加分。

◎卡萨帝——云裳带您走进国际时装周

据英国媒体报道，截至2014年，中国游客在英国的奢侈品消费已超过10亿英镑，并已取代俄罗斯人和阿拉伯人而成了英国奢侈品消费市场的最大买家，占到整个英国市场30%的份额。中国人在全球各大时尚卖场扫货、一掷千金的豪气让世界惊叹。难道这就是时尚吗？在中国，时尚衣料未必真正被消费者识得，高端衣料的养护也远远没有跟上。海尔卡萨帝洗衣机倡导的云裳洗护、完美如初的品牌理念，希望带领人们认识时尚、让时尚持续。

图5-3 卡萨帝官网宣传海报

然而，在全球化的今天，最有兴趣参与时尚的中国人却最难融入其中。各大时尚秀场似乎是外国人的专场。在这样的洞察下，凤凰网邀请了因《爸爸去哪儿》而备受国人关注的Angela（安吉拉）一家共赴巴黎时装周，为时尚圈增添几分中国味儿，试图借中国面孔让更多的中国人读懂时装周。

此次活动的关键点之一是：借势时尚大事件。凤凰网选择巴黎时装周作为话题的引爆点，时装周上呈现的都是高端衣物，无论设计师还是时尚名人，都非常关注高端衣料的使用和保养。因此，凤凰网决定让最懂得衣料材质的人和大众分享高端衣料的保养理念，让明星、时尚名人共同探讨高端衣物的洗护心得。于是，凤凰网邀请了三位当红艺人进行时尚专访，让他们讲述个人对时尚的理解以及自己的衣物养护心得；采访了六位国际级时尚教主，让他们分享设计理念，推荐适合不同人群的衣料；邀请十位国内一线设计师齐聚沙龙，分享礼服、婚纱以及真丝、蕾丝等特殊材质的打理经验。而这些，凤凰网其实都是在用原生的方式传播云裳洗衣机的高端衣料洗护理念。

图5-4　巴黎时装周模特展示

关键点之二是：国内首个全明星家庭巴黎看秀。作为本次活动的点睛之笔，王岳伦、李湘、Angela的出现成功地吸引了亿万消费者的眼球。Angela一家在时装周的每一次出镜都成了媒体和读者关注的热门话题。在此过程中，产品的功能点以及卡萨帝品牌所倡导的高端衣料洗护理念得以有效地传递。缜密的策划最终成就了一次互联网营销奇迹，影响力波及亿万人口，各大网站争相转载，专题访问量达到1.6亿人次，曝光达4.5亿次，57家合作媒体曝光，平面媒体露出版面达11页，权威外媒及热门微博榜上也有他们的踪影。

图5-5 Angela一家巴黎看秀

图5-6 Angela和王岳伦巴黎看秀 1

图5-7 Angela和王岳伦巴黎看秀 2

图5-8 李湘和王岳伦巴黎看秀

此次传播与传统方式最明显的差异在于,产品赞助和品牌露出减少,话题性内容比重增大。凤凰网利用原生意识和对卡萨帝品牌的认同感,借助时尚事件制造话题,邀请明星艺人提升影响力。活动主题突出,风格新颖,利用时尚大事件打造了场景入口,以人为核心串联起活动的始末,借助多媒体平台宣传造势,成功地打造了热门话题,强化了用户的互动体验,堪称经典。

二、故事:打动人心的力量

说到营销策略,如今最为大家所熟知与认可的莫过于风靡圈内圈外的内容营销。当所有人都在谈论内容营销时,我们是否应该思考一个问题:究竟什么是内容营销?为何要进行内容营销?内容营销,说到底就是"内容至上、内容为王"的一种营销策略。那么内容何以至上、何以为王呢?不妨看这一节将要讨论的主题——故事。现如今,产品光有大量的内容,没有引人入胜的故事,也难以打动消费者的心,产品必须将故事融入自身,将产品故事化、故事品牌化。在"互联网+"的时代,营销者和媒体机构开始强调场景,以内容引爆人们的兴趣,触发人们的沉浸式参与和互动,引发人们的价值共鸣,最终达成品牌营销的超级入口。在今天,品牌必须拥有故事,而故事将是新的场景。

1.做一个有故事的产品

任何企业或品牌在设计产品时,都要考虑产品的理念,用故事来灌注理念,把理念融入产品,做一个有温度、有情怀的产品。而故事本身就是一种良好的情感载体,品牌借助故事讲述企业文化,产品凭借故事传递人文情怀。

一个成熟的企业或公司都会带有媒体属性,因而企业要投资创建用户真正想看、想消费的内容,这一点至关重要。但现实情况是,很多企业总是以自我为中心,总是围绕自己的产品、成绩打转,自说自话,虽然制造了海量的内容,却忽视了用户真正感兴趣的信息,忽略了用户真实的情感需求。企业在进行产品营销时,往往陷入这样的困境:每天制造成千上万条的内容,但真正被浏览的信息却寥寥无几。这样的企业是可悲的,这样的营销更是毫无价值可言。

企业需要制造让用户产生消费欲望的内容,而用户消费的内容可能和产品本身并无太大关系或直接关联,但是如果内容能折射出丰富的情感与个性,产品所要表达的理念便成了故事的价值所在。好的故事可以走入人的内心,在不知不觉中把产品理念内化于消费者心中,让故事成为桥梁,成为连接消费者与产品的情感纽带,产品营销也就收到了润物细无声的效果。

产品故事化的一个很好的案例就是维吉达尼良心农产品。维吉达尼是2011年4个新疆年轻人创办的一个互联网品牌,旨在利用互联网帮助当地的农户销售农产品。维吉达尼在刚刚起步时,就坚持把产品故事化,一直以来致力于讲述当地农户的本土故事。创办至今,维吉达尼已经建立了两家企业和农村合作社,有500多家合作农户,同时在网络上积攒了大量的人气,为农民和农产品消费者建立了一个温暖的社群。

维吉达尼品牌的淘宝店铺、微博、微信,都体现了创业者希望把农户的故事融入产品中的理念,旗下的每一个产品都蕴含着一个动人的故事,而不是只有吃到嘴里的香甜味道。从一开始售卖维吉达尼的产品,创业者们就希望在果实之外还有一个个真实、生动的故事;顾客在消费维吉达尼食品时,除了能畅享美食的滋味,还能了解到在远方有那么一群农民,他们的故事牵动着消费者的内心,也连接着维吉达尼的价值理念。

维吉达尼的品牌经营始终贯穿着"产品故事化"的理念，通过建立与用户情感的互动与共鸣，形成一个有温度的社区，产品的生产者和消费者在这里交换共同的价值观，传递浓浓的人文关怀。可以说，维吉达尼销售的不仅仅是产品，更是一种情怀。

2.为你的故事增加价值

爱听故事是人类的本性，爱讲故事也是人类的本性。现实生活中的每一个人每天都在经历着不同的事情，产生不同的冲突，感受不同的情感体验。当我们与周边的人产生互动、发生联系时，人人都在试图用一个个生动有趣的故事展示自己或了解他人，因为这是人类长久以来理解世界的方式。人类通过叙事来建构思维和组织信息，同时也通过叙事来参与世界。

正因如此，为了更好地传播品牌信息，努力与消费者结盟，所有品牌都在努力讲述自己的故事。传统的品牌故事通过以广告为主的内容渠道进行传播，用企业主导的故事结构与消费者沟通。随着现代社会信息结构发生巨大的变化，人们开始在社交网络上获取信息、新闻与消费意见，各大企业也纷纷投身于社会化营销。越来越多的国内外企业开始重视社交媒体、移动媒体、视频等内容传播工具的传播价值，企业在社交媒体上的投入也在逐年增加，这使得有价值的内容成为营销的核心。如何利用社交媒体碎片式的内容形式建构和传达品牌宏伟的故事体系，成为企业与品牌十分关注的问题。

企业传统的讲故事方式已经不再适应今天的营销市场，社交媒体的高度发展，使得讲故事的人和听故事的人之间的界限越来越模糊，移动终端的普及和社交型App的涌现，使得内容的制作与分享变得极为便利。听众不再是一个个围坐在炉火旁听智者讲故事的角色，而转变为一个个自由发声的自媒体。人们享受着前所未有的自由表达的权利，表达欲望也被无限提升。消费者自己创造故事，传播故事，提升品牌形象，在不断的互动中创造新的故事。企业的主导权开始下降，讲故事成为品牌维系与消费者长期互动关系的手段，这也使得品牌在讲故事的立场、形式和渠道上发生了变化。

今天，微博和微信是极具影响力的社交媒体。据腾讯官方数据显示，截至2015年第一季度末，微信每月活跃用户已达到5.49亿。根据中国互联网络信息中心（CNNIC）发布的第35次中国互联网发展统计报告，截至2014年12月，我国微博用户规模为2.49亿，网民使用率为38.4%，与2013年年底相比下降了7.1%。在这种情况下，企业如何利用这些社交媒体来传播品牌故事，创造有深度的内容，加强用户黏性，就变得尤为重要了。用户面临海量的信息，而大部分信息于己而言毫无价值。因此，品牌必须力争在嘈杂、缺乏营养的信息环境中，为消费者提供有价值且高度关联的内容。

企业要讲有价值的故事，要分享有用的信息，要让消费者在品牌的故事内容中找到有安全保障、能解决问题的方法或捷径，甚至奖励性措施。百度提出MOMENTS理论，指出了消费者决策的"关键时刻"。百度作为中国本土第一大搜索入口，了解消费者形成决策的无数个"关键时刻"。资深媒介专家田涛认为，在这样的关键时刻，如果产品能给予消费者所要解决问题的最好答案，如果品牌能提供消费者所面临需求的恰当选择，购买就可能达成。

传统消费者决策的关键时刻在"货架"前，而影响决策的主要因素是产品、包装与价格。在互联网时代，消费者在决策前要参考很多信息，而社交网络、门户网站、电商平台等均是可供参考的信息源。这种转变意味着消费者检索与评估信息的过程大大加长了，而这正是决策前的关键时刻。因此，品牌讲故事的节点不只是在消费者的社交过程中，还应该贯穿到消费者决策前的信息搜索、评估等每一个可能的接触点，讲述有价值的故事，帮助消费者解决问题，努力成为影响消费者决策的关键因素。

3. 让产品形成强大的社群媒介

目前，不论是大型企业还是小型公司，都越来越重视产品的分众化与个性化。品牌开始专注于一部分消费者，以培植小众团体的共同价值，迎合小众群体的口味。消费者的消费观念也越发个性化，当他们购买某一产品时，他们消费的不仅仅是产品本身，还有产品的附加价值——某种情怀与社会认同。消费者通过消费来区分彼此，凭借产品来"物以类聚"，产品本身成了一种承载用户情感与价值认同的媒介，使这些用户作为一个排他性的社群而存在。产品故事化是形成社群的基础，各色产品的媒体属性越来越强，而产品自身也带有传播基因和媒介特性。因此，企业要想努力让自己的产品在同类竞品中脱颖而出，使自己的产品拥有与众不同的故事，如何让自己的产品形成强有力的社群媒介就成了关键。

星巴克长久以来的营销理念很好地验证了上述产品原则。星巴克售卖的不只是咖啡，更是一种人文情怀。星巴克以"激发并孕育人文精神——每人，每杯，每个社区"作为自己的使命，自1971年开设第一家门店至今，一直秉承"努力工作，与朋友分享美味醇厚的咖啡，努力让世界变得更加美好"的理念。从一开始，星巴克就致力于成为一家与众不同的公司，它不仅传播咖啡文化、继承传统，还传递情感上的联系。

2005年，星巴克总裁霍华德·舒尔茨（Howard Schultz）向星巴克教育项目捐款500万美元（约合人民币3,417万元），用以支持中国的教育事业。截至2014年6月，通过星巴克基金会向中国捐赠的数额已达300万美元左右，其中包括向中国宋庆龄基金会（CSCLF）捐赠的150万美元（约合930万元人民币）。在星巴克，人文第一、咖啡第二，传承文化与爱是它的首要责任。星巴克成立了自己的社区中心，通过各种方式与途径帮助建设并繁荣人们生活与工作的社区。截至2014年9月，星巴克的绿色社区服务项目已在中国奉献了275,002小时的社区服务，从而与社区建立了深层次联系。

星巴克已经成功地把自己的品牌转化成了一种社群媒介，并不断地通过社群间的互动与沟通加深与社群内部的联系，在巩固自身品牌形象的同时，不断创造更多的就业机会，吸引更多优秀人才的加入，创造更加丰富的企业文化。

4.用创意沟通生活

如今的品牌必须向消费者讲故事，而且要讲动听的故事，那么故事怎么才能讲得动听？这就是接下来我们要讨论的问题——创意。叙事是人类参与世界的方式，也是理解世界的手段。我们谈论内容、谈论故事，其实都是在以人为中心探讨人与人之间更有效的互动方式。消费者是一群普通的生活者，他们"喜新厌旧"，厌倦无聊，品牌要想拉近与他们的距离，就要解决他们的困扰，想他们之所想，帮助他们克服无聊，制造兴趣点。

品牌与消费者的沟通要融入其生活场景，从生活中引发想象、制造创意点。创意要走进生活、贴近人性，在现实生活中寻找创意的契机。苹果吃多了，总觉得无味，就要换换口味，尝个鲜。火锅吃多了，总会厌倦，甚至还会上火。平淡无奇的日子过腻了，就要想出一些新的法子来打发无聊，增添生活趣味。一个城市待烦了，就想着去别的城市旅行，换个心情。人们总是在不断的变化中寻求生活的激情，在不断的尝试中发现生活的趣味。正因为现实生活中有太多的不如意、太多的无趣，创意才有了可能，有了人性的深度，有了传播的价值。

创意要做的事情就是帮助人们克服无聊、增添生活趣味。各大电视台天天播放宫斗剧，而湖南卫视突然间播映一部仙侠剧，观众自然觉得新鲜，觉得有趣。好的创意需要生活素材的深度积累和对于人性的深刻洞察，创意要敢想敢做，要足够任性，更要敢于表现真实。

凤凰网联手广州本田歌诗图开启了一场"说走就走"的"敢性之旅"。不同于同类品牌"以产品性能为导向"的故事表达，"敢性之旅"活动从招募开始，就用"你有梦想吗？"来引发大众的广泛关注，让大家道出对梦想的向往，让消费者带着"有故事的梦想"携手品牌一起出发。无论是美国站、南极站抑或瑞士站，活动在普通消费者中寻找梦想幸运儿，以"敢性行动"为主题，独创"不设限"的玩法，无论幸运儿的梦想是什么，歌诗图都带他去实现，为每一个拥有"敢性梦想"的人提供触摸梦想的机会。不难发现，歌诗图的"敢性行动"不同于其他汽车企业那种走马观花的自驾游，这是一场充满冒险精神的探险，用户成了如此浩大的行动的主导者，在幸运梦想未实现前，"敢性行动"将去哪里都是未知数。这样的模式引发了受众的自主讨论和二次传播，无形中扩大了活动的声量和覆盖面。而幸运梦想揭晓后，其迅速的执行力也恰到好处地衔接了悬念期的热度，随着"敢性行动"的展开，话题度上升到顶点。

做创意切忌人云亦云，不能看到一个好的创意就去争相模仿，品牌需要找到新的视角，打开新的格局，传递不同的价值观。创意有时需要挣脱原有的空间关系与情境联系，在超越寻常的逻辑关系中找到突破点，在微小的细节中挖掘新的关系。创意经常诞生在不经意的瞬间，所以不要轻易丢弃任何一个曾经打动过我们的时刻,不要轻视我们曾经珍视过的事物。正是那些平常的事物、真切的生活,孕育了无数个绝妙的创意。

5.让消费者成为主角

讲故事有两个目的:一是与听故事的人产生联系;二是与听故事的人结盟。品牌为了与消费者结盟,传播品牌价值,就要讲与消费者息息相关的故事。故事要让消费者产生情感共鸣,使消费者快乐或悲伤、回忆或怀旧、感恩或同情,让他们在感同身受中接受劝服。品牌要讲述真实的故事,再现生活场景,发掘场景背后的人性渴望,还原场景背后的人性尊重。在洞察社会及人性的基础上,围绕品牌故事创造人的真实生活场景,以人为中心,连接一切。下面来看几个案例。

◎耐克:我将跑向你

耐克曾经讲过一个异地恋的故事,试图让那些认为自己不具有运动天赋的女性产生情感共鸣,从而感觉跑步轻松而有趣。故事里的女主角住在洛杉矶,男主角住在纽约,两人在某一个早晨醒来后不约而同地思念对方,于是他们一起做了一件疯狂的事情——跑向对方的城市。男主角体力不佳,而女主角拥有一双粉色的NikeFreeRun+3跑鞋,步伐轻快而愉悦,还一路哼着歌曲。女主角最终在歌曲《我将跑向你》(I Would Run To You)的信念支撑下,完成了另一半的旅程。这个故事会使很多群体产生情感共鸣,首先是异地恋者,其次是坚持跑步者,再次是喜欢跑步却又很少跑的人群,还有一种就是耐克跑鞋的购买者。

品牌通过形象生动的故事融入生活场景,带动消费者的情感共鸣,引导消费者产生代入感,让消费者成为故事的主角,通过共同的体验而提升故事传播的质量。迷人的品牌故事会让消费者乐意花更多的时间在产品上,并且愿意在产品上投入更多的金钱与情感。因此,品牌在讲故事时要努力将用户带入故事情节,以细节打动人心,提升用户的真实体验,使其给品牌注入更多情感,加强用户与品牌的联系,为用户创造品牌归属感。好的品牌故事会让用户感觉自己就是产品的主人,其对产品的好感度也会与日俱增。久而久之,用户与品牌的关系就不止停留在消费层面了,而会变成一种情感的寄托与认可。

◎飘柔：恋爱影像馆

2014年，飘柔冠名优酷"恋爱影像馆"，以"说出那些为爱疯狂的事"为主题，鼓励用户畅聊影像故事。其中一个主题为"72岁＋27岁的爱情"的忘年爱情故事引发了热议。这个故事的标题在形式上对仗整齐且吸引眼球，话题感十足，再加上情节冲突强烈，当时即吸引了600多万次点击。

◎健力宝：80后纪念馆

2013年，健力宝推出"寻找80后回忆的纪念馆"微电影。微电影中因玩具公司倒闭而失业的主角，试图通过收集小时候的玩具，如弹珠、小人书、健力宝罐等，来成立一家"80后纪念馆"。微电影紧扣80后人群的特点，通过重温儿时的回忆和梦想，唤起消费者对健力宝国产老品牌的记忆和情感。

这些品牌故事都在试图述说消费者自己的故事，让每一个普通的消费者成为故事的主角，有很强的代入感，自然会让人产生良好的情感体验，同时为品牌形象大大加分。品牌关注社会，抚慰人心，围绕品牌故事还原真实的生活场景，是谓佳作。

◎洲际酒店，传奇穿越报

图5-9 洲际酒店

什么样的故事能够打动目标消费者的内心？怎样讲故事才能让人们津津乐道并产生情感共鸣？这一次，故事的主角变成了享誉海内外的洲际酒店。

欣赏这段迷人的故事:

从古至今,离家在外的人们都会在旅途中寻找短暂的落脚点:从路边的简易客栈,到繁华都市的专业化酒店。现代的酒店都能为人们提供各种便捷的设备、贴心的服务以及优质的环境,但其中还有一些更为你的旅程增添历史、浪漫的气息,甚至一丝神秘感。在入住酒店时,你的人生故事可能与它的历史联系在一起,如同经历了近一个世纪的洲际酒店。在这里,记载了无数人的传奇故事。

自美国第14任总统以来,每位新总统上任前夜都曾光顾华盛顿特区的威拉德洲际酒店,这里也是马丁·路德·金写下并发表《我有一个梦想》(I Have A Dream)演说的地方。华特·迪士尼、伊丽莎白二世、奥黛丽·赫本、斯皮尔伯格、滚石乐队、U2都曾经在洲际酒店演绎自己的故事。

在中国,解放战争时期,曾经的瑞金宾馆,如今的瑞金洲际酒店,曾是中国共产党在上海的第一个重要军事指挥部,邓小平、陈毅、粟裕等领导人都曾入住这里。在向公众开放之前,这里一直被用作国宾馆,接待了很多重要的客人。除此之外,洲际酒店还一次次记录着人类伟大的爱情,同样被称之为世纪爱情之婚的摩纳哥王子与格雷斯·凯丽(Grace Kelly)的浪漫婚典在卡尔顿洲际酒店举行,而蒋介石与宋美龄则在瑞金宾馆玫瑰厅举办过订婚仪式。

《洲际传奇》,一张穿越的"报纸",让人们体味了截然不同的韵味。全版泛黄的纸张背景、复古风格的排版、黑白的图片和文字,把观者带入一段独特的思想旅程中,穿越了五大洲,也穿越了一百多年的历史时空。配合报纸内容同期推出的纪录片,更为翔实有趣地述说了洲际酒店集团的百年传奇,而精致的洲际酒店广告也将独特的历史名人创意融入了报纸。

图5-10 《洲际传奇》穿越报

互联网时代的人们从不会独享，报纸上端融入的"微博新闻"滚动展示更方便用户的关注与分享，高品质的内容和设计使得凤凰网和洲际酒店的合作收到了意想不到的效果。《洲际传奇》，从1946年穿越到现在，也从虚拟空间中穿越到中国每一处洲际酒店的行政套房内，让更多的人在停留的间隙还经历文化与历史的洗礼，并由此继续书写下一个乃至千万个新的传奇。

凤凰网通过赋予洲际酒店更多元的文化内涵，给目标消费者制造了一个独特的选择与入住的理由。这张极具人文韵味的"穿越报纸"承载了洲际酒店的百年传奇，而同时期推出的纪录片则翔实有趣地述说了洲际酒店历史上的名人故事。视频播出之后收获了2530多万次的曝光，报纸的电子版也"穿越"到了现实生活，在印刷后被分发到洲际酒店的各个行政套房内。

◎阿迪达斯这款运动鞋，由海洋垃圾制作

2015年，阿迪达斯展示了一款以海洋垃圾为原材料的概念跑鞋，以此庆祝与海洋环保组织Parley for the Oceans达成合作关系。Parley for the Oceans是一家由艺术家、设计师、音乐家及科学家组成的公益环保组织，致力于阻止世界各地的海洋污染。

该款跑鞋采用阿迪达斯Primeknit零浪费编织技术，以确保在生产过程中不会因裁剪物料而造成浪费，而制作跑鞋的原材料则来自不可降解的海洋废弃物以及深海渔网。为了获取这些原材料，阿迪达斯与海洋保护者协会（Sea Shepherd Sea Conservation Society）合作，耗时110天，在非洲西海岸一路追踪偷猎船，最终收缴了其非法设置的渔网。

这款"垃圾"跑鞋可谓创意十足，它将近年来海洋污染的生态问题与跑鞋的产品设计联系在了一起。用海洋垃圾作为原材料制作环保跑鞋，这件事情本身就具有很强的传播属性，加之阿迪达斯品牌强大的用户群体，更使其传播价值获得了提升。这是阿迪达斯公司的一次文化传递活动，也可以说是一次关乎全球海洋生态健康的公益之举。事件本身带有广泛的社会话题属性，易于传播，并且与每一个消费者的生存环境息息相关。因此，民众对其投入极大的热情也就不足为奇了。

图5-11 阿迪达斯海洋垃圾概念跑鞋

通过这次活动，阿迪达斯把自身品牌提升到了一个新的高度，这一次不只是跑鞋，而且关乎环保，关乎生态健康。用户在关注事件的同时，会不自觉地被卷入该事件中，保护环境的责任感与紧迫感会被无限放大，用户将会主动承担起分享与传播的责任。整个事件虽然意在营销，却超越了营销的层面，可谓高明之举。

三、场和景：共生共枝

消费者的每一次消费都是对特定生活场景的再现，因此，产品即应用，应用即场景。在智能终端条件下，各类消费和各种应用直接相关，而各种应用即是对生活场景的再现。产品消费即是场景消费，品牌的关键在于挖掘消费场景的痛点，并满足特定的场景需求。

1.我们好像在哪见过

我们每一个人都生活在大大小小的场中，每天都在不同的场中进进出出，并且在不同的场中切换自如。这些都是人们熟悉的场、熟悉的空间关系，人们来去自如，随心所欲。场在每个人的生活中无处不在、无时不有。那么，如何定义"场"？场和每个人的关系又是什么？这是我们接下来要重点研究的内容。

布迪厄（Pierre Bourdieu）的场域概念在这里有很大的借鉴价值。按照场域理论的理解，场域不等同于一般的领域，不可将其理解为被一定边界物包围的领地，而是在其中内含有力量、生气、潜力的存在。我们这里讨论的"场"，在一定程度上就相当于"场域"。场域即为位置间客观关系的网络或结构，而这些位置通常是经过客观限定的。

在现代社会，人与人之间从时间、空间上被隔断，只能通过媒介、管理工具、观念等来进行联系。场域由社会成员按照特定的逻辑要求共同建设，是社会个体参与社会活动的主要场所，是符号竞争和个人策略集中的场所，这种竞争和策略的目的是生产有价值的符号商品。在实社会中，人们游离于各种场域关系中，其中，商品的价值有赖于消费者群体对它们的分类，而商品（符号）竞争的胜利意味着一种商品比其竞争对象拥有更多的价值。

人们之所以能够适应纷繁复杂、变化多端的不同场域，是因为人们拥有策略，这是一种事关创造性的永久性能力。场域可以被视作一个不定向选择的空间，它为其中的社会成员标定待选选项，但并未给定最终选项，个人可以对竞争策略进行多种搭配选择。不同的人会出现不同的结果，这些结果，一方面体现出选择者的意志，也就是个体的创造力；另一方面则体现出选题的框架要求和限制。

场域是充满力量的，每一个个体在场域中展开竞争，每一个场域中都有统治者和被统治者，任何统治关系都隐含着一种对抗力量。在某种程度上，任何场域的确定和场域边界的确定，都充满着不同力量关系的对抗和制衡。场域的界限是由场域自身决定的，没有先验的答案，"场域的界限在场域作用停止的地方"[①]。

场域内存在力量和竞争，而决定竞争的逻辑就是资本，一种资本若不与场域联系在一起，就难以存在并发挥作用。资本是场域活动竞争的目的，同时又是用以竞争的手段。每个社会成员都拥有不同质和量的资本，它包括经济资本、文化资本以及社会资本。社会不同于赌场，社会活动也有别于赌博，参与者以异质性的身份参与社会活动，这种异质性表现为人们拥有不同质或量的资本。资本在场域中并不是平均分配的，它是人们历史积累的结果，是一种排他性的资源，同时也是新一轮社会活动的起点。

社会生活中存在着各种各样的场域，场域的多样化则是社会分化的结果。一个场域拥有的自主性越高，这个场域的生产者只为本场域其他生产者生产而不为社会场域的消费者生产的可能性就越大。由此来看，自主性最高的场域就是科学场域，其次是高层次的艺术场域，相较而言，传播学场域和营销学场域自主性较低，自主性最低的是政治场域。一个场域越是从社会场域和权利场域中获得自主性，这个场域的语言就越具有科学性。一个场域中的竞争和策略不仅取决于符号商品的价值，还取决于该场域的自主性，因为自主性强的场域遵循的是"是非"逻辑，而自主性弱的场域遵循的是"敌友"逻辑。

---

① 〔法〕皮埃尔·布迪厄：《实践与反思：反思社会学导引》，李猛、李康译，中央编译出版社1998年版，第98页。

我们在这里谈论资本，是想证明社会空间中存在不同自主性的场域，而仅依赖于经济与非经济空间的划分是不准确的。人们普遍认为，在经济场域中，个人追求金钱物质利益；而在非经济场域中，每个人的行为是非功利性的，与经济行为大相径庭。实际上，这是一种虚构的逻辑。现实情形是：个体在不同场域中追逐着不同的符号资本，而在这一层面上，所谓非利益的或超功利的公正是不存在的。所以，只有引进资本的所有形式而不只是被经济理论所承认的那一种形式，才能解释社会世界的结构和作用。表面上，不可买卖的东西也有它们的价格，无价之宝毕竟也还是以价格来衡量的，而商业交换只是所有交换形式中的一个特例。

2.春风十里不如你

当人们出入于不同的场（域）中，他们便同时在参与构成不同的景。这些景的差异性取决于人们的行为特征与个人的行为方式，而人们在不同场域中的行为轨迹往往依赖于他们以往的生活惯习。惯习是人们以某种方式进行感知、感觉、行动和思考的倾向，这种倾向是每个人由于自身生存的客观条件和社会经历而通常以无意识的方式内化并纳入自身的。由于每个个体都置身于差异化的生存环境中，不同的客观条件又孕育着异质性的个体经历，因此每个人对世界的经验方式是不同的，他们参与世界的方式也是千差万别的。

皮埃尔·布迪厄[①]说："社会秩序与规章并非是一种不可触及的理想或是一种限制式的命令，Piene Bourdieu它存在于每个人的意识之中。消费文化的基础不是一个形式化的合理准则体系，而是一种人们普遍经历、遵循和体验的现象。"[②]每一个行为者在其中进行社会实践活动的结构与他们的个体化表现之间都有连结，而这个连结就是人们的惯习。对于企业而言，仅掌握市场运作的整体规律是远远不够的，它们更要了解每一个身处其中的个体的行为差异性与统一点。只有深刻认识、体会社会个体间的行为方式，并领悟到联系整体与个体的统一性节点，才能真正做到知己知彼。

[①] 〔法〕皮埃尔·布迪厄又译作布尔迪厄，为统一起见，在正文中一律用布迪厄这个译名。——作者注

[②] 李全生：《布迪厄场域理论简析》，《烟台大学学报》2002年第4期。

场（域）和个体的行为方式是客观存在的，它们彼此间存在着一种制约关系和构建联系。不同的场域构造了人们不同的生活方式与行为特征——惯习，这是场（域）的外显产物；而个体化的惯习又将场域建构成一个有意义、有价值的整体世界，也因此成就与见证每个个体在其中的付出。

生产与消费共同建构了一个完整的市场，生产则是消费市场的内在驱力，它促成消费市场的形成与分化；消费则是市场的外在力量，它加速生产的进程，同时建构市场的体系。消费有一定的市场规律，但同时又受个体差异的影响。生产依赖于消费，但同时又塑造市场。市场就相当于那个外化的大的场（域），而消费者则是场域中的游戏者，他们手中掌握着市场资料，资料的质与量决定着游戏的形式与结果。

"场域不是死的固定不变的结构，不是空的场所，它是一种游戏空间、关系网络，相信并追求其中奖励的社会个体参与游戏，完整的场（域）需要个体的进入。"[①]惯习不仅仅是行为者的个性，更是一定场域中的主观构成物。这种构成物既存在于个体中，又独立于个体之外，作为一种客观力量作用于个体。场（域）是结构的，但又不完全是客观的，其中包含主观的成分；惯习是个体的，但又不完全是主观的，其中又有客观的渗入。客观与主观既共存于场域中，又共存于惯习中，它们在场域中融合，又在惯习中融合。反而观之，场域具有客观性，惯习也具有客观性，正是这种客观性将场域和惯习统一了起来，即把结构和个体统一了起来。场域和惯习又都具有主观的一面，主观性也与客观性一样将场域和惯习联系了起来，把结构和个体联系在了一起。

因此，在看待市场与消费者的关系时，不能一概而论，而要将市场的客观性与消费者的客观性联系起来，同时也要将市场的主观性与消费者的主观性统一起来。市场与消费者共存于大的场（域）中，也共存于惯习中，它们在场（域）中彼此融合，同时也在惯习中融合。生产与消费都是市场的内在构成物，同样需要以一个整体来看待，生产与消费的主客观也要联系起来共同考虑。

---

① 〔法〕皮埃尔·布尔迪厄：《关于电视》，辽宁教育出版社2000年版，第44页。

3.柔情似水爱与共

前面两部分着重介绍了场（域）与景的特点、场和景的相互作用以及它们之间的相互关系。这一节我们要讨论场景的重要性，探讨场景在消费者生活中的角色与作用。

消费者在不同领域中存在着不同程度的惯习作用，而场的不同又会与惯习一起反作用于消费者，消费者在这种场域和惯习的相互作用下便形成了不同的场景。消费者在不同的场中展现不同的景，场为消费者的行为提供基本的场域，他们在不同的场中有所作为，这些作为构成了场的内在因素——景，这些特定的景与所处的场共同组成一个个可感知的场景。我们在理解场景时，要摆脱单纯的空间关系与个体行为，要将场景当作一个主客观的共同体，当作结构与内在关系共存的一个整体来看待，而消费者在其中的能动作用以及场景对消费者的反作用则是这项研究的主要范畴。

今天的消费者已经进化到了一个全新的高度，他们秉持的消费理念与过去相比，已有了实质性的差别。作为一个有机能动的主体，他们衍生出各种各样的需求，他们需要产品，却又不仅仅局限于产品本身所能带来的功能性作用，他们越来越看中超越产品之外的附加属性。消费者开始追寻一种消费的快感与满足，更多地追求精神上的象征与情感上的寄托；他们通过消费来彰显自己的生活品位，表现自身的生活态度。如今的消费者什么都不缺，他们缺的是自信，缺的是安全感：他们对自己的外表越来越挑剔，对自己的言行越来越没有自信，他们在意别人的评价，模仿别人的一举一动，却没有时间聆听自己内心的声音；他们从一切可以触及的地方寻找生活的自信，向身边一切可以触及的人找寻安全感，每天看似忙忙碌碌，却不知道自己真正追求的是什么，他们中的很多人已经很久没有抬头看看天空的颜色，没有时间静下来好好打量周围的环境；人们不愿意倾听最亲近的人的声音，却愿意花大把时间在毫无意义的陌生人身上。

正是每一个普普通通、真真实实的消费者建构了今天的市场，商家们总是谈论这个产品有多炫、那个产品有多酷，我们的服务有多么好、我们的技术有多么高超。营销人员关注产品的一切，观察市场的风吹草动，却忽视了消费者最真实的存在。任何产品在没有消费者消费之前都只是一个毫无意义的物品，不论它的功能多么强大、价格多么高，没有使用价值的商品都只是一个摆设。产品之所以为产品，是因为它有消费的对象；服务之所以为服务，是因为它有服务的对象。脱离了使用者与服务对象，再炫酷的产品都是没有意义的存在。

产品必须关注用户的需求，必须融入用户真实的生活，只有这样的产品才有温度。产品把用户的功能性需求转换为自己的功能，把用户的情感式需求转化为自己的内在理念，致力于为用户寻找解决方案，帮助用户解决生活与工作中的难题。产品必须引发用户的联想，将自己与特定的生活场景联系在一起。产品必须传播一种生活理念，培养消费习惯，创造鲜活的生活场景。产品的生命在于与消费者的关系，与消费者的关系越近，产品就越能走进消费者的生活。品牌的职责在于拥护消费者的选择，把消费者的问题转变为品牌的优势，为消费者创造最佳的体验。产品与品牌要努力融入消费者的生活场景，丰富消费者的生活，为消费者创造价值。

场景于消费者而言，不只是消费，更是生活。市场中的产品形形色色，消费者则类型各异。如何保持产品的新鲜度，如何保持产品的口碑，如何延长品牌与消费者的关系，这些，都是品牌需要慎重考虑的问题。场景虽然重要，但品牌切忌把场景生硬化，切忌背离设计产品场景的初衷。品牌要通过生活场景建立起产品与用户的深层次关系，通过场景的互动与体验增加消费者对产品的信心，最重要的是通过生活场景的搭建给消费者带来前所未有的安全感。场景的构建与想象不能凭空乱想，而要从生活中汲取养分，从生活中获取灵感，从生活中挖掘场景的痛点，在场景中折射生活的美感。

4.万水千山总是情

场和景都是场景的组成要素，在强调了场景的重要性后，我们还需要进一步了解如何将场和景的融合做到极致，如何创造既舒适又真实的场景。

分析场景的最终目的是要提供特定场景下的适配信息与服务。这里的适配，不仅是对特定场景中用户（行为）的理解，更是要迅速准确地找到对象并推送符合其需求的内容或服务。其中，对相关信息与服务的发掘、整合与推送能力，将决定适配的整体水平。目前，基于地理位置的信息推送在商业应用中已屡见不鲜，例如针对小范围的用户推送折扣信息等。BreakingNews.com的客户端App中采取了"让新闻追着用户跑"的新思路，在每一篇新闻报道中都嵌入了具体的地理位置信息，同时，该App还通过GPS追踪用户所在的位置，把新闻推送给特定区域的用户。这是新闻阅读类App的一个新的探索方向，它告别了过去用户追着新闻跑的时代与理念，转而实践一种新的思路：使用户避开那些与自身无关的信息。

场景的服务适配比信息适配的应用范围更广、手段更多样，满足的需求也更多元化。服务适配与O2O有着紧密的关联。尽管并非所有的移动服务都伴随着线下活动，但是通过各种智能设备读懂人们的线下行为，将线上与线下的服务进行无缝连接，提升用户的场景体验，是现在以及未来一段时间内移动服务App的努力方向。服务适配既可以针对用户的某个特定活动提供单一化的服务，也可以通过了解他们的行为逻辑与习惯提供综合性的配套服务。这里需要注意的是，无论是信息适配还是服务适配，都要与一定的形式适配相关联。

用户在移动场景中活动，具有时间碎片化、情境与空间快速切换的特点。这样的特点不会对社交与娱乐形成太大的障碍，但是却会对阅读体验产生一定的影响。今天，人们对于长篇深度内容的阅读需求虽然仍然存在，但是时间的碎片化与空间的移动化却使得人们难以保持一个封闭的、持续静态的阅读过程。简单地指责网民阅读能力下降对社会发展无济于事，试图让人们停留在一张报纸读一天的时代也不现实。对于移动媒体的内容生产者来说，他们今天要努力实现的目标就是将文字的精华通过多种方式呈现出来，对文字进行高度的提炼与升华，为用户创造最佳的阅读体验。今天，我们已经看到了很多堪称完美的表现形式与手法，移动媒体的表现形式与移动阅读的时空特点呈现出越来越和谐、多元的趋势。

针对服务类App，形式的适配目标是更为便捷、人性化的操作以及更贴心舒适的线下体验。很多场景已经涉及必要的语音操作，大多数服务类App的支付形式也在慢慢优化。从场景适配的对象范围考虑，我们可以将其分为标准化适配和个性化适配两个层面。标准化适配是对共性的理解与满足，即针对用户群体在一个特定场景中的普遍性、一般性需求，提供信息、服务等，使不同的用户在这一场景中获得基本的满足。个性化适配则意味着把个体用户的当下状态以及过往的惯习等纳入考虑范围，是对人们个性的把握与满足。移动媒体在提供个性化信息与服务的同时，要掌控好个性化信息和公共性信息之间的平衡，切勿对用户造成干扰与侵犯。

当越来越多的信息与服务依赖于场景这一变量时，场景本身就可以成为信息组织、关系组织、服务组织等的核心逻辑，成为信息、关系与服务等几者连接的纽带；更进一步，场景本身可成为移动媒体的一个新入口。从网络信息的组织模式来看，门户时代已经锤炼出一套成熟的话题信息流组织模式，即围绕话题的关系进行内容的组织。微博、论坛、社区等社交媒体兴起后，以关系为纽带的关系信息流和以时间为线索组织的时间信息流模式也日渐普及。对于移动媒体而言，一种新的信息流正在涌现，那就是空间信息流，即在特定的地理位置上产生或是与某一特定空间有关的所有信息的聚合。

现今的社交平台，大多数以人们的现实关系为逻辑进行组织，然而在很多社交类App中，已经出现了以空间或其他场景要素为基础建构社交关系的功能，如陌陌等社交移动产品，它们将空间要素发挥到了极致。越来越多的社交型产品开始运用场景元素，发挥场景思维，通过场景聚合人们的社交行为与社交关系。基于空间的服务在移动端的服务类App已经不少，滴滴、快的等打车软件的流行，正是将服务完全建立在空间参数基础之上的典型。

如今，基于场景的服务更多的是分而治之的、割裂的，因此任何一个App都很难成为服务流的入口。若是将某一场景和与其适配的整套服务整合在一起，场景的作用将更加显著。尽管我们是在讨论场景的融合与意义，但其实更多的是试图把场景分析作为设计产品、提升服务的依据。我们应该注意到，移动传播所带来的信息和服务消费场景或社交场景的变化，并非都在向着更加人性化、更加友好的方向发展，甚至相反，还在一定程度上侵蚀了人们的良好天性，破坏了人与环境、人与人之间的友好关系。因此，对于场景的开发与应用，我们应该保持一定的警惕与节制，未来的移动服务提供商应避免侵入每一个场景。某些时候，场景分析的目标也许并非是渗透，而是规避。请看下面几个案例。

◎三星推定位功能广告：帮助女性在"紧急"情况下发出警报

相关数据显示，印度男性已经比女性多了整整4000万人，男女比例严重失调的情况已经影响到印度社会的婚姻家庭模式，性犯罪形势日益严峻，女性的地位越来越低。印度总统最近在其社交账号上就张贴了与女儿的自拍照片，呼吁民众加入"拯救女孩"计划。

为了更好地参与"拯救女孩"行动，三星携手Cheil印度发布了"Let Help Find You"的系列平面广告，通过三星智能手机中的定位系统帮助女性在"紧急"情况下发出求救信号。

三星的该系列广告试图在场景应用与开发上有所创新。在考察了现实情况、掌握了可靠数据后，三星展开了"拯救女孩"的计划，旨在帮助印度女孩脱离险境，进行自救观念的传播与教育，并通过其公司生产的产品进行情境的引导与说明。一方面，该活动在无形中推广了新产品；另一方面，活动为品牌做了一次正面的社会性宣传。借此次活动，三星恰如其分地融入了当地女性的生活场景：品牌关注社会发展问题，产品帮助解决问题，建立用户与产品的场景联系，以话题带动活动，以事件展开讨论，以空间引发想象，与此同时，在潜移默化中传播自身企业文化。三星的这次"拯救女孩"计划无疑可以视为场景营销的一个典型案例。

图5-12 三星"Let Help Find You"系列平面广告

◎友邦保险——80后,你有安全感吗?

在中国,消费者对保险有着天然的抵触情绪,人们缺乏保险意识并且抵制任何关于保险销售的活动。在这样的社会背景下,传播保险知识,让受众了解保险业务,并且主动购买保险产品并不是一件容易的事情。

友邦保险在深入了解了中国的社会状况后,联合凤凰网开展了一系列民意调查,以洞察中国普通民众对保险的态度和了解程度。友邦保险一直以来致力于传播品牌文化,普及保险知识,为民众解决实际问题。在经过调查之后,凤凰网捕捉到了年轻人关注热点话题的心理趋势,结合当时热门的社会问题,进行了同期节目的制作。节目播出后在社会上引发了热烈讨论。

凤凰网借助热门事件"杭州最美司机"制造话题,以事件发生后的赔偿问题作为切入点展开讨论。凤凰视频《锵锵80后》先后制作了两期视频节目,以"80后,你有安全感吗?"为话题,邀请三位80后意见领袖参与话题讨论,以唤起80后的保险意识,提升受众对友邦保险的关注度与信赖度。节目以80后普遍面临的安全感缺失问题进行深入探讨,逐步启发80后的保险意识,潜移默化地渗透友邦保险的品牌文化,树立友邦保险的专家形象。在首页,凤凰网将品牌元素融入设计风格,以问答形式呈现,同时通过微博互动

图5-13 友邦保险在中国

栏为网友提供实时咨询,并联合其他频道共同参与。节目中呈现的观点与话题迅速引发了80后网友的热议,引发了社会事件的二度关注热潮。节目播出两周内,播放量高达289万次,KPI[①]完成率高达361%。同时,节目还获得了社交媒体的主动传播,并获得客户的高度认可。友邦保险中国区市场部向其全体员工发布邮件公告表示满意和赞誉,认为这种形式"建立了保险业营销全新模式",并在官网显著位置予以宣传。

凤凰网有效地融合了消费者关注的社会热点事件,利用主流媒体提供的最佳公信力,为80后打造了保险业的全新营销模式,让保险走进消费者的生活,为他们保驾护航。通过关注生活,关注事件背后的人性渴望,还原事件背后的人性尊重,以消费者为中心连接一切,双方成就了一次绝妙的场景营销。

---

① KPI: Key Performance Indicator的英文缩写,即"关键绩效指标法"。——作者注

第六章 场景营销,有温度的营销

在一片森林里住着三只蜥蜴,其中一只觉得自己的身体和周围的环境大不相同,没有安全感,便对另外两只蜥蜴说:"我们住在这里太不安全,得想办法改变环境才行。"说完,这只蜥蜴就大干起来。森林之大,哪有这么容易改变,不久,这只蜥蜴就活活累死了。

另一只蜥蜴看了说:"我的天,居然被累死了,看来想要改变这地方非我辈能力所及,不如另选个安全的地方去生活。"说完,它便爬出了这片森林。只是它还没有找到生命的乐土,就饿死在路途中。

第三只蜥蜴也看了看四周,说道:"为什么要改变环境来适应自己,为什么不改变自己来适应环境呢?"说完,它便借着阳光和阴影,慢慢改变自己的肤色。不一会儿,它隐没于树干之上。这只蜥蜴成了变色龙,从此在森林里安居繁衍。

这个寓言故事告诉我们,有时,改变自身或许就是让你得到所要结果的最简单却最有效的方法。

春节是中国最具象征意义的传统节日之一，"回家"、"团圆"和"年夜饭"等词语已经成了这个节日中不可缺失的文化符号。然而，2014年年末，坠机、踩踏等事件接踵而至，让这个本该幸福、祥和的节日变得有些沉重。因而，许多企业都趁此机会向消费者推送温馨感人的广告，试图以情动人。在众多的温情广告中，凤凰网为农夫山泉打造的微电影《温度》给人留下了深刻印象。

这部微电影讲述的是父子间的微妙情感。故事发生在小年夜之日，建筑工程师强子原本答应了家人会早点回家一起吃团圆饭，却因工作需要必须留守岗位。即便如此，强子还是牵挂家里的儿子，冒着大雪特意赶回家，为了能在儿子睡觉前给他送去心爱的玩具猫头鹰。不巧的是，强子没能见到儿子。因为，强子的父亲正带着孙子下楼买农夫山泉，准备用这水给儿子煲上一锅好喝的鸡汤。虽然老爷子嘴上说着"煮个汤嘛，瞎讲究啥"，却还是乐滋滋地下楼买水，期待着强子回家吃饭。知道强子不回来吃饭后，老爷子有些失落，但还是亲自下厨煲鸡汤。然后，领着孙子，一道乘公交车去给值班的强子送汤。见到强子，老爷子也不说是自己煲的汤，只是一边给儿子生暖炉一边叮嘱："你妈把她这一辈子都煲在了这汤里，你要剩下啊，我还揍你。"此刻，强子的脸上露出了愧疚的表情。送走父亲和儿子，强子在整理汤罐的时候发现留下的字条："你是孩子的爸爸，也是爸爸的孩子。"随后，片尾那句"对自己好一点是父母最简单的心愿"道出了天下父母的心声，让"上有老下有小的"一代人重新思考"孝"与"爱"的价值平衡。此片通过不同生活场景中的温度对比这一细节来体现三代父子情，产品在片中起穿针引线的作用，已然成为生活中不可或缺的必备品。

其实，在最初策划时，对于农夫山泉这样一个长期以硬广宣传为主的品牌，如何在初次尝试内容营销时将这份温情融入品牌故事，提升其影响力和美誉度是一大难题。对于凤凰网来说，如何在众多暖人的广告中脱颖而出，打动消费者，也是一大挑战。最终，他们选择了一条别样的温情路线，首度推出以中国式父子情为概念的微电影广告，生动地刻画和展现父子情所独有的内敛与克制，但正是这份质朴的真实触动了观众的痛点。

为了能更高效地推广这支微电影，凤凰团队在制作微电影的同时也开始了主题海报的设计和展示，在电影发布前就将海报送达地处一、二、三线城市的6,000多家小卖部、便利店和超市。此外，凤凰团队还通过社交平台开办了4个微信公众号来推送相关信息。

最终，视频点击量超过260万次，其中，来自线下二维码扫描的为45万次，百度搜索65万次，微信传播50多万次，微博传播100多万次。此外，300多家媒体做了转载，东方卫视电影频道、中央电视台八套给予了近2分钟的新闻报道。关注有意味的生活场景，洞悉场景背后的人，结合全媒体传播平台，《温度》让农夫山泉不再只是"有点甜"，也让人们看到并记住了农夫山泉还"有点暖"。

一、场景营销：从生活出发

场景营销的手段伴随着技术的革新在不断演变，其内涵也在不断扩充，早先的场景营销定义逐渐暴露出其不准确和不完整之处。为了更好地理解场景营销的奥秘，我们不妨先从解读场景开始，说说你或许不曾想到的场景内涵。

1.关于场景，你也许不知道的

布迪厄认为，"场域"是一种被赋予特殊引力的合理构型，它能够使具有相似特征的用户聚集到一起，从而形成一种亚文化的力量。场域是在高度分化的社会中存在的具有相对独立性的社会小世界，具备自身的逻辑性。各个场域相互独立，相互之间不可跨越支配其他场域。可见，无论是"场景"还是"场域"，都离不开对时空物理范畴的界定以及对活跃在特定时空中的人的关注。

（1）时空划分场景

时间和地点是描绘场景的物理维度，时空变化会引发场景的变化。同时，时间和地点也在一定程度上影响着人的行为。从小，我们就被教导，要在适当的时间做适当的事，如果周围的环境改变了，原本合理的行为或许就会显得不那么妥当。就这样,人们养成了在特定时间、地点做特定事的习惯。布迪厄将惯习定义为场域中特定的"性情倾向系统",惯习可以是生理上的,也可以是心理上的。他认为惯习具有相对持续性。本章开篇提到的过年回家就是一代代中国人流传下来的传统习惯,与家人团聚其实也是我们心理上的需求。此外,每逢五一和国庆长假,即便知道许多景点都会人流如织,不少人仍抵挡不住旅游的诱惑坚持出游,这也是一种习惯。这体现的不仅是生理上要休息的需求,也是心理上期望得到放松的需求。

惯习一旦被开发,就会内化并在人的潜意识层面发挥作用,具有一定的稳定性。但这并不意味着惯习是永远不变的,惯习也会随环境的变化以及各人经验的获取而改变。回看过去的二三十年,中国人并不会过西方的情人节和圣诞节,然而,在西方文化的感染下,国人也开始过起了这些原本不属于我们的节日。又如"双十一"高喊"买买买"的剁手党们,他们的消费习惯也随着该节日的诞生而被培养了起来。

(2)人格驱动行为

人是场景中的核心,时空影响人的行为,但最终主导行为和习惯的还是人本身。布迪厄曾说,"场域是惯习的寓所,没有独立存在的惯习,只有与场域相关的惯习"[①]。但同时,"惯习的形成与各人的生活环境和社会经历相关,包括了个人的知识和对世界的理解。因此,惯习具有双重历史性"[②],一方面,惯习的生成受社会环境本身的影响,另一方面,惯习的社会化需依靠一代人的努力。因此,惯习既是个人的,又是集体的。

正如图6-1所示,每一代人的日常生活习惯各不相同。90后的生活离不开社交,他们还没起床就打开手机开始社交,通过手机与同学、朋友约会。女生们或许会结伴逛街,男生则一同运动。到了晚上,他们会相约去影院看场大片;回家后,继续手机聊天社交。

80后追求生活与工作的平衡,他们习惯了在地铁里刷手机浏览新闻资讯,到了工作单位通过电脑收发电子邮件;接近午餐时间上网团购外卖;下午接着工作或拜访客户;回家后窝在床上看几集美剧。

---

① 高宣扬:《布迪厄的社会理论》,同济大学出版社2004年版,第36页。
② 高宣扬:《布迪厄的社会理论》,同济大学出版社2004年版,第37页。

70后则更多地将生活重心放在工作上。早晨还未上班，他们中的一些人在马桶上就开始处理工作邮件；而后，到单位开始正式工作；晚餐也大多出于交际应酬的目的忙到深夜，然后找个代驾乘车回家。

60后的生活相对闲适，以家庭为重。他们会早起去公园遛弯与老友碰面，然后回家沏一壶茶，细读一份报纸；午睡后，或许会去公园给孩子找个相亲对象，回家路上再去菜市场和超市买些食材给儿女做饭；到了晚上，则守在电视机前追每天定点播出的家庭剧。

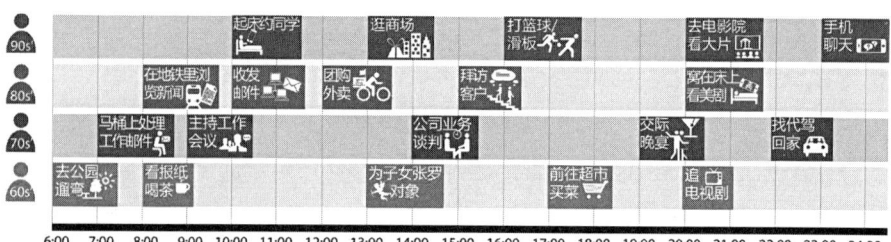

图6-1　60后、70后、80后及90后日常生活解析

2. 即将到来的场景时代

（1）基于生活情境的场景营销

事实上，广义上的场景营销早已存在。在人气火爆的音乐节上销售啤酒，在高速公路出口附近设置快餐类食品广告牌等，这些已被消费者习以为常接受的营销手段，其实就是场景营销的雏形。其本质是在特定的时间和地点，洞悉由环境和情境所触发的消费需求，而后提供相关的产品或服务，建立品牌与人之间的关联。

2015年，可口可乐与全美第四大影院Carmike合作，在北美280多家影院投放了名为《电影感动你我》（Movie Move）的广告，广告展现了三对恋爱初期的情侣在观看电影时一些尴尬、羞涩却又爱意十足的"小动作"。这些只会发生在这一阶段，且只会发生在电影院里的"小动作"，让男生和女生的关系更亲密，使他们的感情更上一个台阶。这则广告每次都能引得观众大笑。或许，他们也因此而回忆起了自己青涩年代的第一次牵手和第一次拥抱。

广义的场景营销的最大特点是贴近生活，然而，因为没有技术作支撑，这一类场景营销只能走进人们的线下生活。众所周知，由互联网构筑的虚拟世界已经成为我们日常生活中不可分割的一部分。特别是近几年移动互联网的发展，使人们的线上生活与线下生活已经达到了相互渗透、高度融合的程度，两者已很难切割开来，现实和虚拟也难以区分。这些环境的变化驱动着场景营销应势发展，走入人们的新生活。值得高兴的是，技术的不断创新也为场景营销的升级提供了动力。

(2) 基于传统互联网的场景营销

过去，互联网被认为是"价廉物美"的广告发布媒介。然而，随着信息爆炸的加剧，如今传统的网页广告（Drive-to-site）已经很难有效地提升企业网站的转化率。因而，营销者和企业开始寻求一种可以精准触达目标消费者并能触发点击和消费的营销方式。2003年，谷歌首先发起了通过PC端口依托传统互联网而执行的场景营销运作模式。依靠网络搜索引擎，谷歌可以呈现数以万计的网页内容，并通过搜索关键词将与网页内容相匹配的广告以弹窗广告和横幅广告等形式发布在网页上。之后，谷歌又推出了根据用户的网络搜索行为和浏览轨迹，预测并推送与用户需求相协调的广告推送技术。

这些帮助广告主找到目标消费者，并在他们需要广告之时推送信息的营销方式就是最早的、真正意义上的场景营销。这一类场景营销所利用的是网民在输入信息、搜索信息和浏览信息时的线上场景。直白地说，就是网页、网站等网络信息发布的媒介环境。其执行要义是通过发布与网民兴趣相关的信息，引导其后续网络行为路径，以达到信息海量曝光的目的，其决胜的关键在于争夺入口和流量。

美国学者凯尔·赛提（Kyle Psaty）对此类场景营销做了进一步的分类。

◎ **隐蔽式的场景营销（Covert Contextual Marketing）**

凯尔·赛提将基于浏览器追踪技术（Browser Cookies）的广告推荐和基于关键词分析的搜索引擎广告等定义为隐蔽式的场景营销。最常见的隐蔽式场景包括发布在景区相关网页上的酒店广告，和因记录到网民在订票网站上购买飞往某一城市的机票而推送的相关旅游信息。强生曾为旗下泰诺公司的一款治疗头痛的药做过一次有创意的隐蔽式场景营销，它将广告发布于证券交易网站，当股票单日跌幅超过一定百分比后，该药品广告就会在网页上弹出。类似的案例还有，国内一些视频网站也曾发布过滴眼液广告。这一类隐蔽式场景营销的广告，其用意无须多言，观看者自然心领神会。

◎公然式场景营销（Overt Contextual Marketing）

另一类场景营销则基于从产品到产品的协同过滤技术（Item-to-item Collaborative Filtering），广告主可以在网页上呈现与用户曾经搜索或购买过的产品相似的广告。美国亚马逊就是这一技术的发明者，也是公然式场景营销的先行者。之后，Facebook等社交媒体也通过类似技术向用户推送广告信息。如今，国内消费者网上购物时经常看到的由购物网站或品牌推送的"你或许会喜欢的产品"就属于此类场景营销。

虽然较之传统的网页广告，基于传统互联网的场景营销在传播的到达率上已经有了一定的提升，但仍有诸多不足之处。首先，由于这类场景营销要利用关键词匹配来完成，因而容易发生场景误入的现象。例如，当网民正在网上浏览某品牌的负面新闻时，网页上会"不识趣"地弹出该品牌产品或服务的广告。面对这些误入场景的广告，用户的态度无疑是抵触的。此外，查询景点信息的网民或许早已预定了酒店，此时无论以何种广告形式向他们推荐酒店都无济于事。其次，这一类场景营销所推送的广告信息带有滞后性，因为这类场景营销的发生要求消费者必须通过PC端连接到互联网，然而，诸多消费需求发生在人们线下的真实生活场景中，不能在需求被激发之时进入消费者的视线也就错过了与消费者沟通的最佳时机，从而流失大量商机。不仅如此，在PC端线上活动时，由于人的自由度较小，相应的需求也随之减少。对品牌而言，有价值的接触点也较少。

可见，基于传统互联网的场景营销虽然有了时间观念，但不够灵敏；虽然了解受众，但无法完全满足受众。线上的场景是有限的，而线下的场景是无限的，移动互联网的发展为场景营销触达消费者的线下生活场景提供了可能。

(3) 由"五原力"驱动的新型场景营销

与个人相伴，移动互联网增强了信息的同时性；与现实交叠，移动互联网为使用者带来利益的在场感。微车创始人徐磊评论说，移动互联网和PC互联网的核心差异在于："PC互联网时代，互联网在哪里，你就需要去哪里；移动互联网则是，你在哪里，互联网就在哪里。"[①]无处不在的互联网让人们渴望时时在线。此外，PC端的使用者可以是多个，而移动设备的使用者往往是固定单一的。因此，移动互联网在传播定制化的信息时更具精准性。

此外，移动互联网也改变了人们的消费方式。经过之前一段时间的布局和调整，如今，各类电商已经能在线上满足人们线下生活中几乎所有的消费需求。不仅如此，移动在线消费还拓展了消费的可能性。借助移动支付和其他数字技术，消费者可以几乎不受限制地对价格和产品或服务进行比较，即刻下单，以最优惠的价格购买最心仪的产品或服务。据中国互联网络信息中心（CNNIC）发布的《2014年中国移动互联网调查研究报告》，我国电子商务类应用整体行业发展态势良好，其中手机支付是发展亮点，手机支付类应用的用户规模增长和使用率增长在所有手机应用中遥遥领先。商务类应用在手机支付应用的拉动下，也正历经着跨越式发展。手机网上支付、手机网络购物、手机网上银行和手机网上预订应用的网民规模年增长速度均超过了100%，分别高达159.2%、168.5%、153.1%和115.8%，而手机团购应用的增幅更是达到了226.4%。

移动互联网将原本单独发生在线下或线上的静态购物场景进行动态重构，使两类场景相互串联，从而提高了消费的便利性，消费的便利性又催生出许多碎片化场景中新的消费需求。如今，二维码扫描已经成为许多消费者熟练掌握的移动互联网接入方式。中国互联网络信息中心（CNNIC）的统计数据指出：截至2014年6月，我国手机网民中使用二维码的用户比例已高达42.1%。大卫·肯尼（David Kenny）和约翰·F.马歇尔（John F. Marshall）早在移动互联网尚未普及之时就曾预测：未来，无处不在的移动网络将驱动场景营销发生变革。移动互联网时代的场景营销可以根据受众所处的特定时间点、空间场域传播实时定制化的信息。

罗伯特·斯考伯（Robert Scoble）和谢尔·伊斯雷尔（Shel Israel）在《即将到来的场景时代》一书中预测：移动设备、大数据、社交媒体、定

---

① 徐磊：《场景识别突围"互联网+"》，《中欧商业评论》2015年5月，第58-62页。

位系统和传感器是推动场景营销在移动互联网时代发展的"五原力"：

——移动设备：移动设备不仅包括现在已被广泛使用的智能手机和平板电脑，还包括在不久的将来普及的智能穿戴设备。作为其他四种原力的聚合平台，移动设备可谓场景营销2.0时代的发展基础。

——社交媒体：上文在谈论场景的内涵时，曾提到场景本身所具有的引力作用可以将一类具有相同习惯的人聚集起来。新型的场景营销少不了社交媒体，因为该技术是聚拢用户、构筑线上场域的核心引力。

——大数据：数据的意义来自生产数据的人，活跃在移动互联网中的人每时每刻都在制造大量的数据。如互联网之父蒂姆·伯纳斯·李（Tim Berners-Lee）所预测，一旦建立起能够跨越现实和虚拟的数据解码器，即通用的"语义网"（Semantic Web），大数据便将能帮助企业勾画出颇具纵深感的消费者画像，从而使定位更精准、广告效益更优化。因此，大数据是新型场景营销的知识力。

——定位系统：卡特琳娜·费克（Caterina Fake）是美国一家名为Findery定位服务公司的首席执行官和创始人，她曾说"无定位，不场景"。"场景"一词原为影视专业术语，场景的构成主要包括时间、地点、人物三要素。定位系统可以掌握人的实时位置，提供了两个场景要素的数据信息，是这类场景营销的探测力。

——传感器：传感器通过模仿人的五官来感应对象用户正在做什么。据了解，现在的智能手机平均配备七个传感器，未来这个数字必然还会增加。移动设备通过传感器感触消费者的行为，搜罗数据，与定位系统相配合。传感器是帮助此类场景营销渗透消费者线下生活的融合力。

与基于传统互联网的场景营销相比，依托"五原力"而实现的场景营销在即时性和在场感方面有了提升。因为"五原力"具备即刻辨识场景和深入了解消费者的功能，消费者不再需要通过搜索来表明他们的消费需求和信息需求，企业能及时准确地向他们推送定制化信息。美国梅西百货（Macy's）已经开始利用苹果公司的iBeacon微定位技术来辨识顾客所在的楼层,并结合大数据对顾客的购物习惯进行分析,向顾客推送其所在楼层中他们可能感兴趣的商家促销信息。佛罗里达迪士尼世界也已开始尝试推行公司专为游客定制的魔法智能手环(Magic Band)。该手环不仅可以取代传统的纸质门票,还可以代替游客的信用卡在园区内进行各类消费。此外,游客可以在园区内设立的快速通道(Fast Pass)预约,点刷手环提前预约游玩热门娱乐设施,在预约时间段前往该设施的游客只需刷手环就能从快速通道进入,免去排长队的苦恼。最为神奇的是,当客人进入迪士尼餐厅,餐厅服务器便能迅速辨识智能手环,获取手环中存储的与佩戴者饮食习惯相关的信息,然后向其推荐菜品。

图6-2　迪士尼魔法智能手环

新型场景营销不仅能够帮助企业更好地了解消费者、服务消费者,同时还能帮助企业在与客户互动的过程中,根据消费者的需求改善自己的产品或服务。从表面看,梅西百货只是在推送优惠券,实际上,这种营销方式能起到为消费者规划路径和引导决策的作用。而对迪士尼来说,在旅游旺季不可避免的排队现象往往会降低顾客的体验满意度,通过刷手环预约这种简便易行的方式就可以避免此类情况的发生,加上贴心的菜品推荐,顾客的满意度自然会得到提升。这两则案例中的企业虽然没有对其服务做直接改良,却将自己最适合目标消费者的服务展现了出来,其实也是一种间接的定制化改良手段。

可见，在"五原力"的作用下，新型场景营销成功地拓展了品牌接触点的时间维度和空间维度，让品牌有更多的机会与消费者接触，更亲近他们的现实生活，从而拉近品牌与消费者的关系。再者，虚拟与现实的连通也让消费的整个过程（发现、探索、购买、使用以及分享等各环节）进行得更为顺畅。

再者，我国网民的移动互联网使用习惯也使场景营销的实施具有一定的优势。中国互联网络信息中心（CNNIC）发布的数据显示，我国手机网民中开启信息推送、位置共享和实名注册的用户占比分别为27.7%、24.7%和41.6%。据统计，只有31.9%的手机网民没有注意过手机上的广告，相比2013年降低了近20个百分点。相比应用付费而言，近七成手机网民更倾向于通过浏览手机广告来避免付费。因此，至少在现阶段，场景营销要触达消费者并不难。

二、场景营销：定制品牌故事

营销创意的策划离不开对内容、互动、体验和关系的思考。从传统的以产品为中心的4P营销时代，到以人为中心的4C营销时代，人的地位在不断提升。到了场景营销时代，人的能动性进一步增强，场景营销让品牌与消费者在场景中相遇。如果说，4P时代营销者讲述的是品牌自己的故事，4C时代营销者讲述的是有故事的品牌；那么到了场景营销时代，营销者要讲述的则将是品牌在场景中的故事。

在依托"五原力"而进行的场景营销中，消费者所展现的不再只是静态的人口属性，而是包含了时间维度和空间维度的动态属性。过去，企业在进行市场定位时或许只需要了解消费者是谁，而如今，企业还需要关注目标消费者在哪儿、他们正在做什么，并预测消费者接下来可能产生的消费需求。可以说，"面向未来"是基于这类场景营销的一个主要特征。推送信息的目的是引导消费者在特定的场景中做出消费决策，信息的精准性在很大程度上取决于对消费者消费需求的预判，预测结果越贴近，推送的信息就越容易受到他们的关注。

优秀的场景营销必然能引爆人的兴趣，触发人的沉浸式参与，产生人的价值共鸣，实现品牌的营销目标。当下，技术的进步不断推动场景营销手段的发展；未来，场景营销的发展仍有诸多可能，但场景营销的创意策划将始终保持对核心要素——"人"的关照。

1.发现场景背后的社会渴望

人是社会的人，要想洞察场景中的需求，就要发现场景背后的社会渴望。还记得2005年韩国江陵端午节申遗成功的时候，国人一个个愤愤不平地想要夺回属于自己的传统文化。十年过后，如今人们面对各种粽子礼品又开始有些害怕：一边吃着碗里的粽子，一边想着冰箱里的那些该如何处置。因为，即便粽子再美味，吃多了也会不消化，特别是那些关注健康的消费者，看到粽子大军来袭，心里不免默默发愁。

在洞悉消费者对传统食品的矛盾心理后，凤凰网开始思考如何在保留传统民俗的同时兼顾消费者的需求，于是，"端午茶粽礼盒"应运而生。与其他礼盒比内馅的创意和口味、比包装的华丽不同，凤凰网的这款礼盒以心思巧妙取胜。首先，以茶搭配粽子，因为茶可解腻，避免消费者消化不良，这一搭配传递出的是凤凰网对消费者健康的关爱。此外，礼盒中的"粽子"并不是成品，而是食材原料，为的是让消费者亲自动手包粽子，在包的过程中体验端午文化，在吃的过程中品味端午情怀。为推广这一礼盒，凤凰网还独家策划了《美女教你包粽子》视频，手把手地教大家如何包粽子。视频上线后一小时就获得了3万浏览量。另外，同步推出的"粽门大战"手机微信互动游戏也让整个文化传播的主题多了几分乐趣，在朋友圈还一度引发了"甜咸大战"风波。而游戏页面最后出现的广告口号："粽有百味，情丝长远；身体力行，方能传承！"则点明了活动主题。

此次端午礼盒的营销，从产品设计到广告推广，都以人为中心，既观照了人们心理上对传承传统文化的渴望，同时也解决了人们生理上力所不逮的尴尬。凤凰网将社会责任融入营销手段，展现了浓浓的人文关怀。

图6-3 凤凰网端午茶粽礼盒

2.尊重场景背后的本真人性

场景营销对人的关照还落实在对本真人性的尊重上。爱是人最本真的人性之一，在母亲节期间，凤凰网为伊利金典策划了一场充满温情的场景营销，这次活动给平日里那些羞于表达自己对母亲的爱的孩子创造了一个坦露真情的平台。凤凰网借助其经典栏目《说给》，采访了著名歌手小柯，让他诉说自己与母亲的故事。此外，凤凰网还邀请众多明星在母亲节到来之际向母亲表达心中的感激，通过明星造势激发普通民众的参与热情。与此同时，凤凰网通过微信、微博等社交平台聚集人气、扩张声势。最终，活动引发了媒体的极大关注，项目总互动数高达1,630,112，视频访问数超过1,523,300，专题浏览次数为334,507，专题留言量达2,526，微博互动数为22,103，而"说给母亲"公众平台的互动数也达到了2,037。通过此次活动，品牌温暖关爱的形象更加牢固地扎根于受众心中。

如果说凤凰网捕捉到的是本真人性的光彩面，那么英国哈维·尼克斯百货（Harvey Nichols）推出的《自私》促销则利用了人性本真的阴暗面。该百货商场打破了人们在圣诞节为他人送去厚礼的习惯，号召人们理直气壮地将原本用来为他人购买圣诞礼物的预算转而为自己买一份大礼。活动期间，顾客在购买一份高价商品的同时只需要搭配购买一件回形针和橡皮筋之类的小商品，那份高价礼品即可享受一定的折扣。那些被用来搭配的小商品看起来并不起眼，按惯例甚至都拿不出手让人当做圣诞礼物。但商场将每一份小礼物都做了统一的精心包装，并在包装上印上了活动的口号——"对不起，我把钱花在自己身上了（Sorry, I Spent It on Myself）。"这一特别的圣诞场景营销抓住了每个人都有的一点点"私心"，这份私心长期以来一直被社会价值观所约束和抑制，而哈维·尼克斯百货却用这种搭配销售的手段，给人们制造了一个满足这种"私心"的理由。

图6-4　英国哈维·尼克斯百货商场《自私》促销宣传海报

三、场景营销：颠覆传统营销模式

过去，企业或广告商在策划营销活动时往往站在产品或服务的角度来研究消费者，分析的思路大致是从确定市场定位开始，然后调查消费者关注的利益点，最后确定产品的营销策略。虽然他们也在思考消费者的意愿，但这种思维方式从品牌的立场出发，单向且主观。

场景营销则需要企业跳出市场定位对营销思维的束缚，回归场景，洞悉消费者最本真的需求，而后反思定位并进行调整，有时甚至需要企业重新设计产品。这种思维方式真正站在消费者的立场去思考企业能为他们提供什么。因此，场景思维是双向的。更为重要的是，这种双向思维的市场调研需要贯穿于场景营销的整个过程，而不是一次性地只发生在策划阶段。所以，较之传统的营销方式，场景营销要求品牌主、广告商和媒体三者更密切地合作。

1．变产品思维为场景思维

一些学者将场景营销通俗地称为"就地取材"式营销。将"场景"一词拆分，如果说"景"关乎所取的"材"，那"场"就关乎"地"。上文已经分析总结了"取材"过程中企业必须关注的三类要素，选"地"同样重要。至今，对于如何找到一片有价值的"地"，如何开垦那一片"地"并为消费者创收，国内外专家鲜有探讨。可以看到，因为缺乏这方面的认知，许多企业在策划、执行场景营销时经常会暴露出同一场景扎堆出现的现象。一旦有一家企业挖掘出一个场景的价值，就会有多家企业蜂拥而至、跟风模仿。回顾2015年年初，国内最火的场景营销方式或许就是发红包，国内大大小小的电商逢年过节都会给消费者发红包，"发红包"蔚然成风。刚开始，这类"红包"营销法的确很受欢迎，那时候微信朋友圈经常被各类"红包"分享刷屏。单从场景营销的角度分析，红包与节日的关联相当契合，但久而久之，消费者逐渐意识到，拆开抢来的红包，内容无非就是代金券或者优惠券，虽然利益点还在，但这种单一的营销手段已经很难再激发起人的兴奋点。几个月后，消费者抢红包和晒单的热情已明显下降。

从营销的角度看，"场景"可被定义为消费者发生购买活动时周围一切环境因素的总和。既然场景营销本身的目的就是将原先只在线下发生并完成的消费行为延伸到线上，那么，对"地"的考察也应当包含两个层面：第一个层面是真实的线下生活的"场"，第二个层面是虚拟的线上交互平台的"场"。前者指真实的物质环境，考察的目的主要是挖掘与惯习相关联的消费需求；后者则指媒体接触环境，考察的目的主要是理解用户的媒体使用习惯。简单地说，企业既要思考用户在什么时间、什么地方会产生与品牌相关联的消费需求，也要了解这一时间点、这一场合人们习惯或者喜欢通过何种媒体设备、何种平台应用来完成线上消费场景中的消费行为。

分两个层面来考察场景可以让企业找到有价值的品牌接触点。营销成功的基础是获得受众关注，基于传统互联网的场景营销以流量竞争作为争取关注度的手段，而基于"五原力"的新型场景营销则依靠接触点竞争。品牌接触点是心理性的点位，企业从生活场景中挖掘到品牌接触点后，还需找到合适的媒介来安置接触点。接触点的价值可以从频度、长度、深度三个方面来衡量：频度取决于惯习的发生率和媒介接触频率，长度取决于行为的延续性和媒介的伴随性，深度则取决于受众在场景中的卷入度和媒介的垄断性。因此，综合考察这两个层面，可以更好地评估和发挥品牌接触点的场效应。

分两个层面来考察场景，还有助于企业在构建品牌接触点时发挥创造力。从扎堆"发红包"这一现象可以看出，企业大多只关注第一层面线下生活的"场"，虽然从中找到了利益点，却没有思考第二层面线上媒体的"场"。想要在同一有价值的场景中与竞争对手实行差异化的营销，其实可以在第二个层面做创意，选择不同的移动终端设备或者不同的应用平台。

虽然，当下的移动终端设备主要限于智能手机和平板电脑，但可以预见的是，将来，可穿戴智能设备将为场景营销的线上场景创新开辟出一片新的天地。营销者在追求创意的同时也必须遵循用户的媒介使用习惯，线上场景的构建要自然，特别是细节的处理，要选择与场景匹配的媒体技术，要让目标受众参与互动和进行消费时感觉不到线下场景与线上场景之间有任何断层，否则目标受众很可能就会在断层处因感到不便利或不舒适而终止交易行为。唯有如此，才能让用户乐于参与、积极互动，才能创造出有深度、有黏度的品牌接触点。

2. 变诉求对象为合作对象

场景营销以人为核心，消费者不仅影响着企业与之互动和沟通的内容，在很大程度上也决定着两者之间互动和沟通的方式以及相互了解的深度。因此，营销者在策划和执行场景营销时应转变观念，不能再将消费者简单地视作被动的诉求对象，而应将其视为合作的对象，重视发挥其能动性。

首先，将目标消费者视作合作对象有助于企业改善产品和服务。场景营销的精准性不仅体现为可以按人定制，还体现为可以按场景定制。从梅西百货推送优惠券和迪士尼魔法手环的案例中可以看出，在场景营销的过程中，服务可以随消费者的意愿而改变。场景营销时代，产品的意义也不同于以往。罗辑思维公司联合创始人吴声曾评论：在工业时代，产品代表一种完成的状态，一经推出就被严格地确定下来，不会再变化；而在移动互联网的场景时代，产品可以是一个最基本的开始，其功能将随消费者需求的变化而不断迭代和重构。场景营销中，营销者应当注意到消费者对产品利益点的关注会随场景的改变而变化，企业可以通过设计适合不同场景的产品来满足消费者的需求，也可以通过调整广告内容，强调特定场景中的利益点来凸显产品优势；企业还可以通过改善服务来辅助产品的销售，弥补产品本身的不足。大卫·肯尼和约翰·F.马歇尔在预测移动互联网时代的场景营销模式时曾说："在这个永远在线的时代，消费者只会关注那些与他们生活场景息息相关的信息。"[1]信息如此，产品和服务更是如此，唯有能够满足消费者场景中特定需求的产品和服务，才能吸引消费者购买。

其次，将目标消费者视为合作者，有助于企业积累场景营销所必需的大数据。大数据能帮助企业了解消费者，数据越多、越详尽，企业就越能清晰地了解消费者，勾勒出消费者画像，对消费者的需求进行切片，挖掘消费者关注的问题。数据的获取来自于每一次互动。因此，在场景营销时代，维护良好的消费者关系格外重要。除了营造良好的沟通环境和提供舒适的体验经历外，营销者还必须意识到，信任也是良好关系的一个重要组成部分。场景营销要长期可持续地发展，就不能忽视移动互联网时代的一个重要议题——如何保障用户隐私安全。事实上，许多移动互联网用户的心情是矛盾的，他们一边享受着移动互联网带来的各种便利，一边又担心信息泄露会对自己造成危害。用户知道，他们获取的每项技术实际都以付出隐私为代价，他们之所以愿意付出隐私，是因为他们认为所获利益的价值大于付出的代价。企业改善产品和服务虽然有助于提升顾客的满意度，增强消费者对利益的感知，但企业必须认识到，建立在这种成本交易心理上的信任是脆弱的，消费者一旦发现自己的信息被滥用，一旦感受到自己的隐私受到了不必要的侵犯，就

---

[1] David Kenny, John F.Marshall, "Contextual Marketing: The Real Business of the Internet", *Harvard Business Review*, 2000, 78(6), pp.19–125.

会放弃产品和服务，宁愿得不到便利也要保护自己的利益。罗伯特·斯考伯和谢尔·伊斯雷尔曾说，在场景时代，决定企业胜负的可能不是技术，而是品牌能否得到信任，信任将成为移动互联网时代的新型货币。要获得这种货币，企业就应切实维护和保障用户隐私。他们建议企业在搜集和使用消费者信息的时候做到公开透明，告知公众哪些信息被搜集、企业将如何使用这些信息、消费者付出的信息将转化为何种收益。另外，企业也要懂得在必要的场合选择离开，"五原力"虽然给企业提供了能够实时追随消费者的机会，但企业不能以此为特权监视消费者的一举一动，应当为他们保留个人活动的空间。放弃一些不必要的数据，或许可以使企业获得更具价值的信任关系。

3. 变链条化运作为扁平化协作

"互联网+"代表的是一种新型的以互联网为动力的经济发展形态，即充分发挥互联网在各行各业的生产要素配置中的优化和集成作用，将互联网的创新成果深度融合于经济社会的各领域中。依托互联网技术进行产业重构，将有助于提升实体经济的生产力和创新力。场景营销是传统营销依据"互联网+"行动计划发起的一场革新，参与其中的广告主、广告商和广告发布商应及时跟进，调整、改变营销运营机制。传统企业大多以链条化方式运作，部门按上下游产业链清晰分割，层级设置分明。但在互联网时代，这一运作方式就略显笨拙了，部门之间若不能有效衔接，层级之间若不能有效沟通，就会相互制约，不利于应对互联网时代瞬息万变的环境。可以看到，许多互联网企业从诞生之日起就选择了扁平化的运作管理模式，去除不必要的管理层级，从而达到简化流程的目的，打破部门界线以增强协同效应。场景营销的策划和执行也需要这种扁平化的运作机制。

要做到扁平化，广告主、广告商和广告发布商首先要改善资源布局，调整、改善内部结构。移动互联网时代场景营销的一大特征就是线上与线下融合与联动，这就要求营销运营者必须掌控线上与线下两种资源。已经完成线下销售渠道布局的企业要抓紧线上布局，自建销售平台或搭载合适的电商平台；已经具备线下营销实力的广告商要抓紧培养线上营销技能，掌握线上与线下相联动的营销手段，提高营销的创新力；已经拥有线下媒介资源的广告发布商要拓展线上资源，研究线上媒体的媒介特性，将线下资源与线上资源组合配对，发挥媒体的场效应。值得注意的是，线下与线上资源的管理不能相互分割，而应统筹协调，这样才能收到资源联动的效应。

  此外，广告主、广告商和广告发布商三者之间的合作方式也要改变。广告主主要承担产品和服务设计的工作，广告商主要承担营销创意、执行和后续测评的工作，广告发布商则主要承担执行阶段的媒体整合工作。传统营销中，三者是以上下游的关系在运作，上游向下游提出要求，下游根据上游的需求设计方案、实施方案。而在场景时代，为了及时捕捉消费者的需求，即时推送信息、产品或服务，三者必须打破这种链条关系。营销策划时，三者可以通过数据资源共享来细化和加深对目标受众的认知；营销执行过程中，广告商和广告发布商要对营销效果进行实时测评，而广告主也不能再像过去那样高居链条上游，以为将产品和服务设计完毕，将市场定位告知广告商就万事大吉，广告主还必须融入整个执行的过程，依据广告商和广告发布商的反馈及时对产品和服务做出调整。

  场景营销借助"五原力"触达消费者线上和线下生活的每个场景，为品牌构筑一个虚拟与现实相融合的立体形象，有效地发挥线上媒体和线下媒体的合力。未来，技术的发展还将驱动场景营销在形式上不断创新，我们期待看到场景营销的突破，也希望营销者不要放弃对"人"这一核心要素的关注。

第七章 再造生活场景、演绎品牌传奇

　　自然界环境和气候的变化正驱使许多动植物悄然发生改变。

　　全球变暖使得落基山脉地区的冬天变得越来越暖和，山上积雪融化的时间也提前了13天。类似地，由于阿拉斯加流域的平均水温较40年前上升了约1℃，当地河流中的鲑鱼到上游产卵区繁衍后代的时间便随之提前了约两个星期。相反，那些"跟不上变化"、晚迁徙产卵的鱼群在竞争中的劣势逐渐变大，数量已下降了至少20%。除了改变生长时间外，一些生物还通过改变自身形态应对环境变化。为了在酷热环境下减少水分的蒸发，澳大利亚当地的植物车桑子的叶片在过去100多年里变窄了约2毫米。

　　面对环境的变化，无论是动物植物还是人类，唯有及时应对、改变、磨合，才能在竞争中获得优势。适者方能得生，适者方能得胜。

2014年12月，来自美国的饮品品牌Silk来到中国，这个40多年来一直秉持"让植物原饮回归真实的自然之味"生产理念的美国品牌给自己起了个有情怀的中文名字：植朴磨坊，并坚称自己将付出100%努力，力求做到选用最好的原料，将真实、自然的饮品带给中国消费者，让中国人也能享受到植物的力量，一起回归真实的自然之味。

考虑到植朴磨坊对中国人来说是一个全新的品牌，公司希望能在产品上市前引起公众和社会的关注，迅速打开品牌的知名度，在消费者心中建立起"真实、自然、安全、值得信赖"的品牌形象，获得较高的美誉度。为达到这一目标，凤凰网为其策划了一场倡议"回归真实"的营销活动。

首先，凤凰网联合零点调研机构发起了"中国人，你真实吗？"的全民调研活动，激发民众对"真实"的内涵进行深入思考。结果显示，广大民众普遍持有崇尚健康、安全的消费理念，他们希望工作与生活平衡，也希望在力所能及的范围内参与社会公益事业。调查还发现"真实"对于社会民众而言，有着积极和广泛的意义，因为"真实"代表表里如一，代表忠实于自己的内心，更代表民众对社会的期盼。

而后，凤凰网将调研结果以白皮书和新闻报道的形式通过网络予以发布、宣传，并协调采访了顶级名厨刘一帆、公益先锋邓飞、纯粹舞者金星等各界"真实"的名人，让他们分别讲述自己真实的人生经历；而后，凤凰网将采访制作成视频，通过专题网页和社交媒体发布。

与此同时，凤凰网还为品牌策划开展了线下的产品试饮活动，并将试饮广告以横幅的形式嵌入白皮书和新闻报道的网页中，引导互联网受众进行植朴磨坊试饮线上申领，完成产品体验。

此次植朴磨坊品牌和凤凰网发起的"真实革命"，将品牌的"真实哲学"与大众对"真实"的向往相关联，邀请彰显"真实感"的明星们做"革命先锋"，依托凤凰网自身长期培育的"透析事件背后的玄机，诉说真实"的媒体形象展开活动。截至2015年6月，即营销活动开展6个月之后，营销效果统计显示：有132,638人下载并阅读了白皮书，235万人观看了刘一帆、邓飞与金星回归真实的故事。198,279名消费者通过京东电商平台购买了植朴磨坊植物原饮，开始享受植物的力量。短短两个月，植朴磨坊进驻了1,800家线下门店，完成了近1,500万元的销售业绩，越来越多的人选择回归真实。

至此，本书已经对场景营销和原生营销的基本概念、核心思想分别做了较为细致、深入的分析。在这一章中，我们将探究一种新的营销形式：原生的场景营销。正如植朴磨坊案例所展现的，原生的场景营销不仅可以渗透进消费者生活的"场"，还能融入他们关注的"景"，以最柔和而有效的方式触达他们的内心。这种融合了场景营销和原生营销理念的新型营销手段正是凤凰网现阶段在探索和尝试实践的，凤凰希望通过再造生活场景演绎品牌传奇，实现品牌、内容、媒介和场景的完美融合。

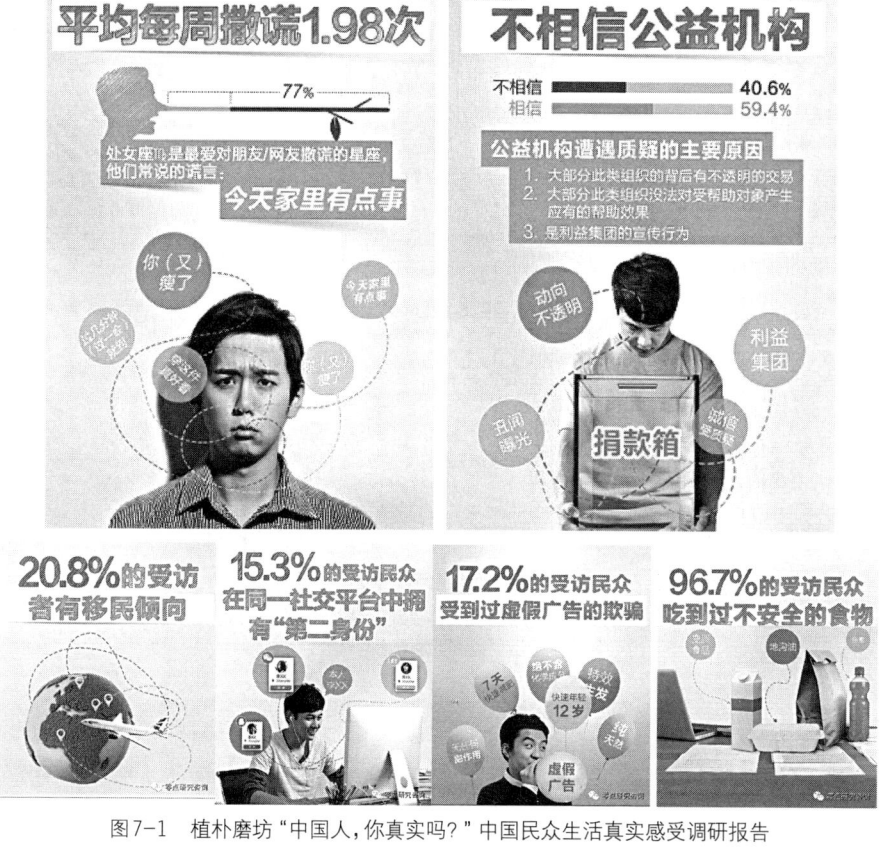

图7-1　植朴磨坊"中国人，你真实吗？"中国民众生活真实感受调研报告

图7-2 关于植朴磨坊"中国人,你真实吗?"调研报告的新闻宣传及试饮横幅广告

一、场景营销很好,但还差了些什么?

移动互联网时代的场景营销若不能契合用户使用终端媒体的习惯或选择恰当的应用平台来引导用户,线上场景与线下场景就容易出现断层,用户很可能会拒绝参与互动并终止交易行为。此外,由于生活场景的碎片化分布以及消费者需求的高度细分,营销者很可能会为了追求以人为核心的场景营销理念而不由自主地将市场主权简单粗暴地从生产者转移到消费者。又因为广告主和目标消费者在同一场景中所关注的利益不可避免地存在一些差异,过于关注消费者利益很可能致使广告主偏离自己预定的营销目标。这些缺陷使得场景营销在真正落实到执行过程中时往往会遭遇诸多困境。

1. 场景的断层

"场景"的内涵实际包含两个属性: "场"是物理属性,由时间维度和空间维度所构成;而"景"是心理属性,对景的感知涉及理性认知和情感介入。受众对景的感知会受到多种复杂因素的影响,主要包括传播者的权威压力、传播媒介的垄断力、信息的内容和信息的组织形式。此外,诸如传播发生的环境噪音、受众的认知结构、心理感受等相关因素也会对"景"的接收效果产生影响。虽然,"五原力"为企业进行场景营销开辟了大量可利用的

"场"，但用户可接触到且愿意接触的"景"却是有限的。

首先，虽然我国用户接入互联网时用的是移动终端设备，但接入的场多为静态的私人环境。中国互联网络信息中心（CNNIC）发布的《2014年中国移动互联网调查研究报告》显示，我国手机网民最常使用手机上网的场所是卧室或宿舍，占88.2%；其次是工作单位或教室，占49.7%；在交通工具、休闲场所等场所接入移动互联网的只有21.5%，较2013年6月的统计数据减少了近6个百分点。这或许是因为国内移动网络基础设施不完善，公共场所、商业场所Wi-Fi布点不到位造成的。迄今为止，即便是4G用户也还很难拥有真正顺畅、快捷的移动互联网体验。毕竟，在私人化的静态场景中，人的消费需求是有限的，移动互联网不移动的窘境给企业挖掘有价值的品牌接触点增加了难度，也给移动互联网场景营销所必需的线下线上高效联动造成了一定的障碍，使得场景营销很难真正渗透进消费者生活的点点滴滴。

其次，移动互联网用户的抵触心理也使场景营销较难融入消费者关注的景。据中国互联网络信息中心（CNNIC）统计，截至2015年6月，中国移动互联网用户中，每天上网4小时以上的重度手机网民比例已达36.4%，其中每天实时在线的比例为21.8%。虽然移动互联网的黏度很高，但网络应用使用率较高的仍主要集中于即时通讯（87.1%）、手机搜索（77.0%）和新闻资讯（74.2%）。这一类应用的共性在于用户能在使用过程中发挥较强的主体能动性，他们可以决定自己的沟通对象，搜索、浏览和关注自己感兴趣的信息。值得注意的是，2015年手机微博和手机社交网站的使用率首次出现下降，手机微博的使用率从2013年6月的49.5%下降至34.8%，而手机社交网站更是从2013年6月的42.2%下降到25.4%，降幅高达31.6%。可以看到，如今的微博和社交网站已经不再像其刚诞生时那样，是人们自己构建的虚拟社交圈；现在，里面充斥着各种小广告，虽然其中有一些企图以信息流的方式混入用户的视线，但大都逃不过用户的"火眼金睛"。面对这些变了味的社交应用，消费者的态度已经发生改变，慢慢产生了抵触心理。因而，其使用率下降并不意外。可见，用户渴望实时在线的真正原因是希望从线上获得有价值的信息，而且，互联网用户大多也已经能熟练、快速地捕捉需要的信息，剔除或避免接触无用信息。虽然从现阶段来看，国内手机网民中仍有近七成表示更倾向于通过接收手机广告避免支付应用程序的使用费，但这种开放态度能维持多久尚不可预测。目前，已有不少视频用户慢慢接受了以付费避免看广告的消费方式。

  再者，即便场景营销抓住了合适的场，也进入了消费者关注的景，要赢得人心还有一定难度。美国Triplelift公司2015年统计的数据显示，截至2015年6月，人们每天获取的信息中约有35%来自移动终端设备，然而，现今移动终端设备所呈现的大多数广告并不讨喜。上述调查中，约80%的被调查者表示，他们无法接受手机上的横幅、弹窗等广告形式，对于这些广告，他们大多视而不见，即所谓的横幅盲目症（Banner Blindness）。此外，Celtra的统计数据也显示，截至2013年年底，美国移动互联网横幅广告的点击率只有0.35%，虽然比PC端横幅广告点击率（0.10%）高出两倍多，但仍不足以弥补移动端小屏幕所能显示的广告位十分有限这一缺陷。在美国，许多广告主开始质疑通过移动终端推送广告的方式。他们发现，移动终端的广告形式大多局限于横幅广告、搜索关键字和视频等类型，很难再在广告形式和理念上有所创新。即便是场景营销，虽然在精准性和互动性上有较大程度的改善，但最终落实到广告投放时，营销者却很难有所突破。对营销者来说，为了迎合用户的移动互联网使用习惯，他们需要从海量应用中找到最契合的媒体资源，而这也是场景营销执行中会遇到的一个不小的挑战。或者，他们可以自建平台，那就意味着要针对多样化的移动终端设备以及Windows Mobile、Android、iOS等不同的操作系统，设计与之相适配的界面。如此一来，挑战将更大。

  2.需求碎片化

  场景营销追求以人为核心，即营销内容满足用户的需求和兴奋点，传播和互动方式迎合用户的行为习惯，这就要求企业在营销策划时要深刻洞察消费者，要细致切分场景，在营销的执行过程中，要时刻关注消费者、即刻切入场景。可以说，场景营销的精准性和有效性是基于其高度精细化的市场分析才得到的，而企业能够实现这种高度精细化的操作则是基于移动互联网技术的发展。但另一方面，企业也可能会因此而成为技术的奴隶。东软管理咨询公司总监赵翔翔曾发表评论说，他发现如今互联网的高度发展让一些企业陷入了一种"互联网焦虑"。相较于传统线下市场，互联网市场中的消费者的主体性得到了大幅提升，企业因而必须把消费者放在核心地位并以消费者需求来驱动整个企业的运营体系。但是，一些企业会因此走向另一个极端：过分强调实时追踪消费者的变化。赵翔翔认为，面对这样一个个性化且多样化的市场，这些企业必然会力不从心，产生所谓的"互联网焦虑"。当企业变得穷于应对之时，它们也就逐渐放弃了应对消费者变化的主动权。面对高度细分的消费者需求和高度碎片化的场景，营销者如何才能将消费者主权与自身管控市场的主动权平衡好，从而防止"互联网焦虑"，避免这种舍本逐末的尴尬处境，这无疑是一个需要认真思考的问题。

其次，场景营销对精准度的追求可能会使企业牺牲营销的规模。在第二章中我们提到，有价值的品牌接触点存在于那些有一定社群基础的惯习中。企业若能发现目标市场中消费者广泛拥有的惯习，潜入这一习惯发生的场景，以用户所适应的方式与他们互动，就能实现场景营销效益的最大化。这看似容易，实则非常繁琐，需要营销者针对目标消费群逐个在每个场景中推送广告信息。可见，场景营销的成功并非一蹴而就。过去，营销者或许还可以只向目标消费者中的一部分群体推送广告信息，然后等待那些认可广告信息的消费者发挥自媒体的力量，帮助企业通过社交媒体向具备相同属性的社群扩散广告信息。但如今，这一偷懒的方法很难再像过去那样发挥作用了。由于消费者使用手机社交媒体的热情已不如以往，即便场景营销能有效地触达一部分目标消费者，他们也很少会像过去那样立即拿出手机，在社交媒体上和朋友分享即刻体验。因此，企业很难再利用一部分消费者带动整个市场，场景营销者必须另觅新法来达到规模化传播的目的。

再者，场景营销者的效果在很大程度上取决于场景的特质。一方面，由于品牌接触点发生在碎片化的场景中，若该场景的发生频率低、持续时间短，企业便很难通过一两次短暂的接触在消费者心中建立起完善的品牌认知。另一方面，品牌特质与场景特质的相关性也会影响营销效果，生搬硬套同样无法给目标消费群留下深刻印象。

二、原生＋场景，优化了什么？

比较原生营销和场景营销，不难发现两者存在一定的相似性：两种营销手段的出发点都是不侵扰用户，希望能改变传统营销中消费者"被营销"的地位，且都奉行以人为本的核心理念，都以满足用户需求为目标。这些相似性为两者的融合提供了基础，而融合的结果将实现1+1>2的效果。一方面，场景营销对场景细节的关注会帮助原生营销进一步渗透到生活中，挖掘出有价值的故事；另一方面，原生营销的优势可以帮助场景营销弥补"难入心"和"难永续"的弊端。

1. 原生营销强化了场景的体验感

本书先前详细介绍了原生广告和原生营销的相关概念，并分析论述了原生广告对品牌以及消费者的影响。从中可以看到，原生营销是在综合洞悉品牌定位、内容创新和媒介特性的基础上制定的战略性营销策略。而原生广告是原生营销的一种手段，其主要特征可以概括为两点：首先，原生广告的形式与媒体环境相融合，广告的视觉设计与媒体本身的设计风格相一致，从而保障了用户的媒体使用体验；其次，原生广告的内容符合用户兴趣，贴近用户需求，能为用户带来实质性的利益或心理上的价值感。因此，原生广告可以被认为是内容营销的最高形态，这一营销方式颠覆了品牌与消费者之间传统的卖家与买家的交易关系，转而将品牌融入用户日常关注的媒体，将消费者视作"生活者"，选择与用户生活紧密相连的品牌内容，并以一种亲近平等的方式与他们沟通。然而，所谓的"生活"离不开场景，因此，将场景营销的理念融入原生营销的执行中，实际上就是让原生营销落地，让营销者不仅关注受众在接收信息过程中的媒介体验感，也重视他们与品牌接触时的场景体验感。

记得在2013年时，为了给电影《魔女嘉莉》造势，索尼电影公司在纽约曼哈顿一家普通的咖啡店内安排了一场"令人震惊"的营销活动。活动当日，毫不知情的顾客如往常一样来到咖啡店，突然，一名陌生男子在离开咖啡馆时不小心碰倒了一名女顾客的咖啡，咖啡洒到了她的文件、电脑和身上。顾客还来不及搞清楚状况，令他们惊恐的事情就发生了：这名女士表现得异常愤怒，只见她一挥手，好像超能力一般，男子被重重地摔到了墙上；而后女顾客又是几次愤怒的挥臂，男子在这股超能力的控制下一次次摔倒；女子又一挥臂，周围的桌椅都飞开了；她再一次怒吼，书架上的书也应声掉落。看到这一幕的顾客都吓傻了，有的甚至逃出了咖啡店。原来这些都是即将在电影中上映的类似桥段，而那些看起来由超能力控制的震惊场面其实都是公司事先在咖啡店里布置好的。他们早先就在店内布置了假墙、装有弹簧的书架以及可遥控移动的桌椅，当然，那名超能力女子和摔得不轻的男子也是公司安排的演员。此外，他们还在店内安装了许多摄像头，记录下了惊魂时刻以及周边毫不知情的顾客的反应。经过编辑后，这一视频被公司上传到了YouTube，一个月内即获得了超过400万次的点击量。这场略显搞怪的营销活动突破了简单的原生营销，营销者并不是单纯地制作一支与电影情节相似的短视频发布在视频网站上就了事，而是让故事直接在人们真实的生活场景中上演，用摄像机捕捉场景中人的真实表现，然后将这些原汁原味的影像记录制作成视频发布在网上，让观众在观看视频的时候也能感受到当时发生这一幕时的惊险。

2.原生营销提升了场景的价值感

原生营销相比场景营销更具系统性、宏观性和长远性。从形式上来看，原生营销比场景营销更能深入地洞察用户的媒体使用习惯。场景营销只关注用户在特定场景中接触和使用了哪些媒体，其目的是寻得最佳的场景入口，从而进入目标受众的视线。原生营销则更深入地洞察用户使用媒体的兴趣点，其目的是制定与用户所接触的媒体相协调的广告信息，融入用户的生活，满足其需求。造成这一差别的主要原因在于，场景营销在策划执行时分别考察人和品牌、人和媒体的关系，而原生营销则是综合分析三者之间的相互关系。从内容上看，两者虽然都强调"融入生活"这一营销理念，但追求的目标略有差异：场景营销更倾向于关注用户生活中的细小场景和特定场景中的行为（如用户的生活习惯、消费需求及消费方式等）；而原生营销则更倾向于关注用户生活的大环境及其心境（如用户的生活态度、他们关注的话题以及兴趣点等）。从营销目的来看，场景营销以将产品融入生活为目的，大多以提升广告点击率和成交量为目标；而原生营销则追求将品牌理念融入消费者的生活，以传递品牌理念为目标。

优衣库的两款App——闹钟App和菜谱App，以极其质朴的方式将品牌理念分别融进了人们日常生活的两个简单场景，传递了闲适生活的品牌理念。

闹钟App用美妙的音乐唤醒用户，而菜谱App则教大家用一些常见的健康食材制作24道优衣库原创菜式。两款App的界面设计风格与优衣库的服饰设计风格相同，简洁清新、时尚大气。而且，整个交互体验也不会让用户感受到传统营销中浓重的商业味，反而凸显了App本身的强大功能。

可见，原生的场景营销并不只是将原生营销和场景营销的手段进行简单的拼凑，原生的场景营销将依旧延续两者各自所遵循的以人为本的核心理念，深度挖掘行业及用户的大数据。所不同的是，在内容策划时，原生的场景营销将通过场景创设和沟通定制来实现品牌与市场、服务、传播的平台性聚合，为品牌创造短期的高度关注和持续创价的营销品质。原生的场景营销让品牌、消费者和媒体在场景中相遇，让三者的关系更紧密，从而实现用户、品牌和媒体三者皆赢的局面。

三、原生营销4.0

迄今为止，策划或执行原生场景营销的品牌或营销运营公司很少，凤凰网在全球范围内都称得上是先行者。回顾凤凰网原生营销的发展，从品效合一（原生营销1.0）到让广告走进生活（原生营销2.0），到演绎生活传奇（原生营销3.0），再到如今的再造生活场景（原生营销4.0），凤凰网在摸索和尝试中不断前行，推动原生营销走入用户的生活。而如今正在推行的原生营销4.0其实就是本文所论述的原生的场景营销。为了做出对客户而言有价值、对受众而言有诚意的原生场景营销，凤凰网打造了以原生营销研究院为范例的智囊团，并搭建起了包括全媒体传播平台、服务平台、用户平台、内容平台、交互平台和资源平台在内的六大营销操作平台，全方位地推行这场营销变革。

1.利用全媒体传播平台整合媒体资源

上编对原生营销的定义中谈到，虽然国内外学者、专家在定义和分类原生广告时都将其置于互联网的范畴，但在现实操作中，原生营销在选择媒体时完全可以超出这一范畴。在保证不同媒体主题统一的前提下，完全可以整合多种媒介资源，发挥不同媒介的特性和优势。此外，增加传播渠道还能给品牌以更多的机会与用户互动沟通，通过多频度、多端点的品牌接触提高品牌的亲和力。再者，根据媒体接触点的扩散维度和传播梯度来策划在不同媒体上发布的信息主题，还能使传播在循序渐进的过程中发挥潜移默化的引导力。凤凰网的媒体资源优势早已显现，通过整合电视、PC、户外、广播、杂志和移动互联网等多元化的媒体资源，凤凰网可多角度、多层面地展现品牌，为用户营造全方位的场景体验。

2.联通用户平台、内容平台和交互平台，实现关系重构

上文提到，拉近人、品牌和媒体三者之间的关系是原生场景营销的一大优势。通过用户平台、内容平台和交互平台的构建，凤凰网颠覆了传统的广告流水生产线，有效地解决了人、品牌和媒体之间的利益冲突。

（1）构建用户平台，实现品牌与用户的双向互拥

"双向互拥"是指将用户所关注的事情和品牌想做的事情相结合。要想让品牌渗入用户生活，营销者首先应学会尊重用户、尊重其兴趣和价值观、尊重其时间。倘若仍以自己的品牌为靠山，以自己的产品为优势，一心企图改变消费者的心理，只会让营销者落入传统营销强推强卖、招人厌烦的恶性循环。可以说，原生的场景营销的核心理念就是尊重用户。唯有尊重消费者的生活，营销者才能从中发现价值点，才能将品牌接触点融入其生活的场景和其活跃的社交圈，完成精准、高效的原生场景营销。

为了做到这一点，凤凰网建立了国内首个基于新闻热点事件实时监测用户数据的平台，对用户的个人行为进行追踪，通过大数据为用户画像。此外，为更好地利用和发挥场景的场效应，凤凰网在关注用户个性的同时，也放眼社会大背景、大环境，对场景中的人群特质与人群关注的热点实践进行交叉分析。

（2）完善内容平台，实现品牌与媒体的协调运作

原生场景营销中，媒体不再只是内容的载体，其功能也不再局限于展示信息。由于媒体是内容发布的窗口，因而媒体本身的形象将决定营销能否成功地说服用户。不仅如此，媒体环境的干扰度将影响营销传播的顺畅度，而媒体的黏合力也将影响用户的参与度。可见，媒体在原生场景营销中发挥着重要的桥梁作用。

凤凰网立足于自身长期培育的权威媒体形象，在原有的内容发布机制的基础上，增设了内容创意和内容生产机制。其中，内容创意机制的构建以营销词库为基础，该词库可以捕捉品牌传播热词、社会热点和主流舆论热词；内容生产机制则发挥凤凰网在内容制作上的实力、优势，利用配套新建的服务平台为客户打造定制化的营销内容。前些年闹得沸沸扬扬的毒牛奶和毒奶粉事件使得整个中国乳业饱受公众质疑，然而凤凰网却接连拿下伊利牛奶和新希望乳业旗下爱睿惠奶粉的两个营销专案，通过原生场景营销帮助两个品牌取得了消费者的信任，赢得了口碑。

在伊利案例中，凤凰网通过新闻化的故事讲述方式制作专题报道，以图片形式记录下了"中国牛仔的一天"，真实地呈现了伊利哈沙图牧场上一位普通奶农的辛勤工作，让消费者看到奶农们在牛奶生产过程中的执着和真诚，重新点燃他们对国产牛奶的希望。仅两天时间，《中国牛仔的一天》曝光率便高达240万次，获得了4.6万次点击，点击率接近2%。在2015年新推出的爱睿惠奶粉案例中，凤凰网与新希望共同策划了"中国奶粉的'不平等条约'，说爱你不容易"专题，剖析中国奶粉行业存在的种种不平等现象，以及各种现象背后的原因，并向"奶妈"们传授奶粉认证及奶源识别知识。此外，凤凰网还借国家新发布的二胎政策，调查中国父母对这一政策的看法，揭示出高昂的"奶粉钱"已成为他们对二胎望而却步的主因这一事实。终于，在2015年4月1日愚人节这个看似不正经的日子，凤凰网爆出爱睿惠幼儿奶粉新西兰原装进口、每罐只售99元的消息，一本正经地向消费者喊出企业要对"不平等条约"说"不"的口号，承诺将为中国消费者提供安全、放心、买得起的优质奶粉。

图7-3 伊利《中国牛仔的一天》

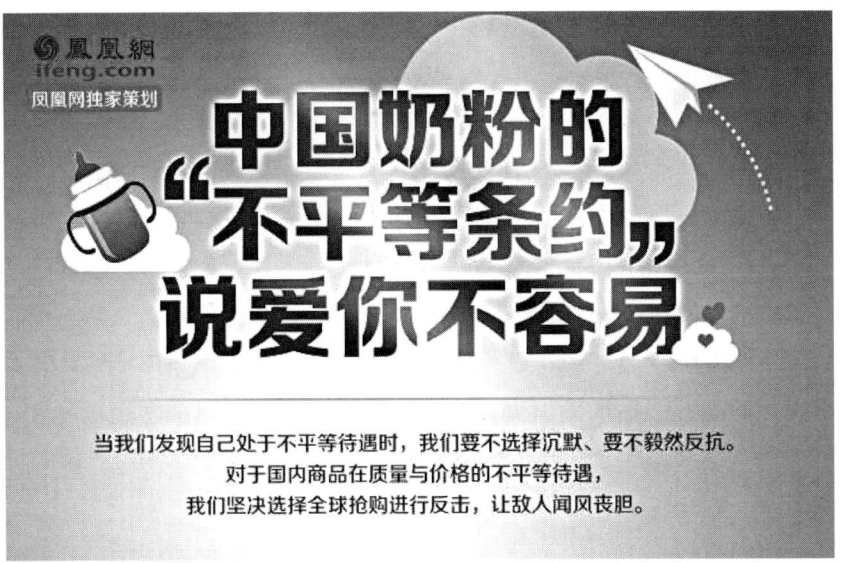
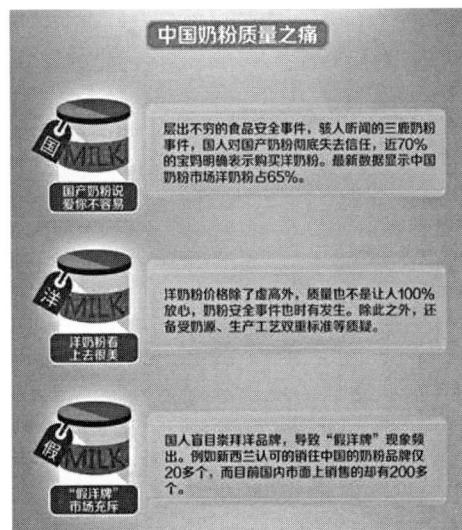
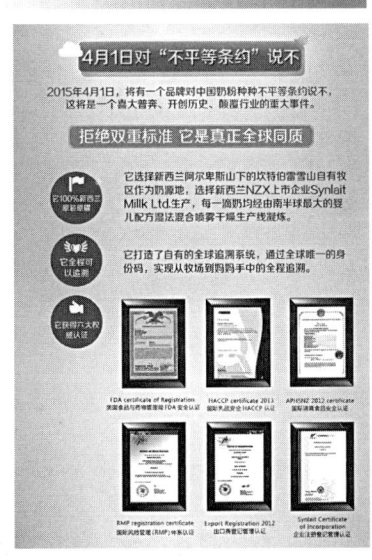

图7-4 爱睿惠"中国奶粉的'不平等条约',说爱你不容易"专题

(3)交互平台实现媒体与用户的和谐互动

除了发挥凤凰网本身的媒体资源优势和媒体形象优势外,凤凰网在实践原生场景营销的过程中还密切关注关键意见领袖(Key Opinion Leader,简称KOL)在营销传播中发挥的影响力,建立以KOL及社交媒体为核心的独具特色的循环交互平台。

在策划好营销主题之后,凤凰网召集名主持、名记者和知名评论员对专题内容展开报道和讨论,以引起公众的关注。与此同时,凤凰网还呼吁和邀请与主题相关的各界名人参与活动,扩大传播范围,提升活动影响力。在积累了一定的关注度后,凤凰网还利用社交媒体让有兴趣的用户和消费者参与到活动中来。用户参与的过程,实际也是内容再生产的过程,即我们惯常所说的User Generated Content（UGC）。相比最初凤凰网的内容,UGC内容是用户原创的,是在场景中生成的,因而更亲民。到这一阶段,凤凰网将再次发挥大数据的作用,分析这些UGC内容,更新社交媒体的传播内容,使其更贴合用户的需求,更符合他们的品位。在适当的时机,凤凰网还会再次集结KOL为活动造势,延续用户对活动的关注度,为品牌创造长期可持续的价值回报。

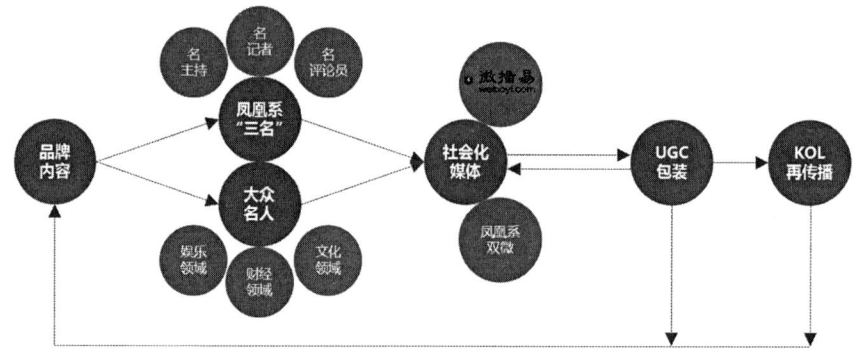

图7-5 凤凰网交互平台

3.建立服务平台和资源平台,提升营销品质

（1）布局服务平台,优化资源配置

在探索原生场景营销模式的过程中,为了迎合多样化的客户需求,融入各种形式的场景体验,为用户提供便捷的生活服务体验,凤凰网除了整合和开发媒介资源外,还在拓展和挖掘媒介的服务功能。基于"五原力"的新型场景营销在联通用户线上和线下生活方面的优越性,为了延续这一优势,凤凰网正在布局基于O2O和本地化IService技术的六大服务项目:沙龙、测评导购、试用、电商、积分商城和众筹。从本书呈现的诸多案例中我们可以发

现，凤凰网已经在一些营销活动中开始利用这些服务项目，因为这些服务可以让用户切实体验到品牌的价值，而不仅仅是耳听目见的品牌故事或品牌理念。未来，凤凰网还将继续开发这些服务项目，探索服务与品牌之间的相关性，找到适合不同行业的不同服务模式，创造更加自然的场景体验。

(2) 优化资源平台，驱动营销变革

与大多数正在策划和执行原生营销的广告商相比，凤凰网的原生营销形式更加多样。无论是图片信息流、视频信息流还是原生图集，抑或主题App，大多数广告商做的所谓原生营销只是基于品牌创意和投放技术，制作能融入媒体环境的原生广告；而凤凰网却选择了一条不同的道路：它建立了一整套完善的原生资源。除原生广告外，凤凰网还开发了原生招商和原生定制两种新营销模式：原生招商是在媒体既定的内容报道基础上衍生出的内容营销合作机制，其营销形式可以是内容策划、活动沙龙或事件互动。例如，下编第六章中提到的伊利金典搭载于凤凰网的经典栏目《说给》。此外，自然堂也通过赞助《我是歌手》提高了品牌知名度，由凤凰网和品牌一同发起的"你本来就很美——唱出心中的赞美"活动，借助媒体的影响力将用户对品牌的关注点从娱乐事件上升到了社会价值导向，提升了品牌的社会形象。

原生定制则是根据客户需求直接策划并执行的符合媒体内容导向的营销项目，其营销形式包括纪录片、微电影、KOL证言、单机游戏、图文故事和频道共建，相关案例在本书中已得到一一展现，在此不再赘述。

如果说原生招商是从媒体特性出发寻求与之惺惺相惜的品牌，那么原生定制就是从品牌需求出发寻求与之匹配的媒体资源。也正是因为有了完善的原生资源平台，原生营销向场景化发展的未来才有可能衍生出诸多机遇。

四、原生营销的指标与效用

为了验证原生场景营销的效果，凤凰网原生营销的合作伙伴华通明略为其研发了一套相当完善的营销效果评估模型，具体的内容本书上编中已有所论及，本章将进一步探讨其效用。基于NATIVE模型，华通明略将凤凰网现已投放的一些原生场景营销广告与传统广告的效果做了测算和比照，比照结果极具说服力地展现了原生场景营销的优越性。

1. 自然贴合的用户体验

NATIVE模型的前三个指标（融入情境、引发关注和引爆兴趣）所测量的主要是用户体验。原生场景营销以内容的形式进入用户认知，因而用户几乎不会感受到广告对他们的侵扰。针对情境融入度的调查显示：82%的样本表示不会受到原生场景广告的干扰，只有39%的被调查者发现样本中原生场景广告是广告，61%的人在得知那是广告信息后仍表示愿意接收此种形式的广告。相比之下，只有43%的样本人群表示不受传统互联网广告的干扰，广告识别率高达95%，广告接受度仅为5%。另外，针对引发关注度的调查显示：当同样大小的原生场景广告和传统互联网广告在同一网页、同一位置出现时，原生场景广告的关注度约为传统互联网广告的1.3—2倍。眼动仪测试结果显示，发布传统广告的网页视觉聚焦点集中在网页本身的内容上，但发布原生场景广告的网页聚焦密度则相当平均。再者，针对兴趣引爆力的调查也显示：原生场景营销的引爆力约为传统互联网广告的1.4—4倍，70.2%的样本在阅读了原生场景广告后表示愿意向他人推荐，相比之下，只有54%的人表示愿意向他人推荐自己看到的传统广告。

2. 深度诠释的品牌理念

2015年7月，美国Sharethrough原生营销公司首席执行官丹·格林伯格（Dan Greenberg）预测，到2015年年底，美国企业用于原生营销的投放花费将达到79亿美元，到2018年，这一数字很可能达到200亿美元。为什么会有那么多企业愿意为原生营销买单？答案当然不单纯是因为企业认为原生营销不会侵扰用户，而在于原生营销能实现企业自身所追求的目标——传递品牌理念。NATIVE模型的后三项指标：传播激发力、品牌活跃度和共鸣产生力其实与传播场效应中的话题效应、诱导效应和共鸣效应一一对应，这三项指标的测算结果若能达到一定高度，实际上也就表明了营销可以实现的传播的场效应。

由于原生场景营销具有较高的传播激发力，对品牌来说，这一优势可以使营销的传播范围大大超出企业所购买的用于广告投放的媒体（Owned Media）所触及的范围，因而可以在群体效应的作用下集结其他社会媒体（Earned Media），覆盖更广泛的群体。虽然我们尚难以精确测量这一指标，但Cookies等网络行为追踪技术已经可以帮助企业了解品牌传播的效果。而华通明略发布的研究也显示，原生场景营销的确能驱动多种形式的媒体帮助企业传播品牌。此外，由于结合了场景营销的理念，原生场景营销能更深入地渗透用户的生活。利用Adinde数字广告效果研究技术，华通明略的研究者发现，场景化的互动能促进用户积极与品牌互动，激发用户主动搜索品牌的兴趣，提升品牌的活跃度。数据显示，21.5%的样本人群在接触了原生广告后表示还会去搜索与品牌相关的信息。不仅如此，原生营销的理念还能帮助品牌在用户头脑中留下深刻的品牌印记，使受众更倾向于认同品牌的理念。数据显示，与浏览传统互联网广告的用户相比，浏览了原生场景广告的用户有更大一部分人倾向于认同企业的品牌精神和行业地位，并愿意信赖品牌。因此，从企业的角度来说，原生场景营销可以帮助品牌在消费者心中留下有价值的印象。

3. 最大化的媒体价值

在上编中，我们对原生营销的发布平台作了分类，将其归为开放式和封闭式两大类别，并列举了不同类别的广告投放媒体。从中可以窥见，原生营销也深得媒体的喜爱。BIA/Kelsey的数据显示，2014年美国社交媒体原生广告的支出为54亿美元，预计2019年将达到184亿美元，增长率高达240.7%。据了解，信息流广告和赞助故事（Sponsored Stories）已经成为Facebook赢利的两大支柱，也使其成为原生广告的中心。Twitter和YouTube也分别借助信息推送（Promoted Tweets）和原生视频推广加入了原生营销的大军；就连曾经排斥广告的Tumblr也开始转变态度，成为原生广告的拥护者，2015年世界杯期间还和阿迪达斯联合发起了"决战世界杯"活动，在Tumblr上打造了一个极具人气的球迷社区，让球迷们得以重温球星的场上风采，也给他们开启了一扇了解球星场外生活的窗户。近期，Tumblr又与迪士尼等多家企业联手，策划打造新的营销战略。除了互联网媒体之外，传统媒体也不甘示弱。《纽约时报》广告业务执行副总裁梅雷迪思·科皮特·莱维恩（Meredith Kopit

Levien）已明确表示，该报网站改版后，将为原生广告预留更多的空间。有专家对此评论说，《纽约时报》此举是为了应对标准数字广告价位大幅下降的恶劣媒体生存环境而做出的改变。随着媒体的商业模式日益固化，广告代理商和广告主渐渐跳出了原有的投放固定广告位的思维模式。现在，广告代理商所要考虑的范畴也延伸到了游戏内置广告、图片推送、网络热门话题抓取等领域。

媒体之所以欣然接受原生广告，是因为广告内容不会破坏媒体本身的属性。传统硬广由于干扰了用户体验，在一定程度上也削弱了媒体长期积累的权威性、社交性和娱乐性。原生场景营销的干扰度较低，因而能更好地维护媒体形象。华通明略的研究数据显示，90%的原生场景营销受众表示愿意再次访问该网站。其次，原生营销也拉近了广告主与媒体之间的关系，而过去两者之间往往存在利益冲突：媒体希望企业按照自己所要求的固定格式发布内容；广告主则希望突破束缚，企图以出位来吸引用户的关注。如今，广告主为了能融入媒体环境，愿意为不同媒体制作定制化的营销内容，而媒体也乐于参与这一形式的营销，为广告主开辟平台，让他们展示品牌自己的故事。由于媒体在场景营销中发挥着重要的平台入口作用，原生场景营销将激励广告主和媒体更融洽地相处。

原生场景营销让用户、品牌和媒体发现原来营销可以如此可爱。对于这一营销创新我们寄予了厚望，相信它将成为互联网时代营销发展的一个趋向，将能改善广告发展的生态环境，使其更加和谐。

第八章　原生营销，未来已来

鹰是世界上最长寿的鸟类，可以活70多年。但是，要想度过搏击长空的70年峥嵘岁月，在40岁的时候，它必须做出艰难而重要的抉择。

40岁的鹰，爪子苍老到无法有力地抓攫猎物，喙变得又长又弯，几乎碰到胸膛，羽毛又浓又厚，翅膀变得十分沉重、难以飞翔。这时，它有两个选择：等死，或进行一次痛苦的蜕变。

这次蜕变要经过150天漫长的时光：它必须飞到山顶悬崖上筑一个巢，停留在那里，不再飞翔。

老鹰首先用自己的喙击打岩石，直至其完全脱落。然后静静地等候新的喙长出来；接着，它要用新长出的喙把指甲一根一根地拔除；当新的指甲长出来后，再把羽毛一根一根拔掉。5个月以后，新的羽毛长出来，鹰重生了。这次蜕变使它在接下来的生命旅程中，可以重新自由地翱翔。

成长与变革往往意味着对自我的全新突破，新的生命力量在对过去的否定中痛苦而艰难地蜕变生长，直至成为燎原之火，改变整个世界。

一、大势所趋：原生营销的爆发成长

面对日新月异的数字技术革命与信息爆炸的营销环境，传统的营销方式越来越无法满足广告主的需求，营销观念的变革与创新迫在眉睫。作为一种全新的营销理念，原生营销在国内外营销领域的飞速成长与强势扩张，充分体现了其强大的生命力与超乎寻常的营销价值。

然而，任何一种新生事物的发展与壮大，必然伴随着对所处环境以及相关事物的影响，相应的问题也会随之产生。原生营销诞生于互联网时代的复杂环境之下，其营销效果、生产制作、目标人群等都带有鲜明的互联网特色。虽然原生营销为适应新环境下的营销变革提出了一种可行的解决方案，但我们同时也看到，在其相对短暂的发展过程中，针对原生营销的质疑和挑战也不在少数。

1.原生营销对现有广告模式的颠覆与创新

毫无疑问，在互联网环境下诞生的原生营销对整个广告行业产生了颠覆性的影响。在互联网时代，从最简单粗暴的展示性广告，到嵌入媒体内容的植入营销，再到针对消费者需求量体裁衣的定制营销，都是一个将传统广告模式一步步瓦解的过程。而现在所讨论的原生营销，则更是对传统互联网广告的全面升级创新。

（1）广告呈现方式

1904年，约翰·肯尼迪（John Kennedy）提出了"广告是印在纸上的推销术"的广告概念。至此，销售观被定义为现代广告的本质属性，广告的呈现方式也被局限在单纯的信息展示上。传统广告以呈现显性信息为主，品牌特征强，目的性明确，商业化气息浓厚。在信息价值层面，传统广告与媒介信息在某种程度上是对立的关系，广告内容曝光越多，对媒体信息价值的损害就越大。打开网络门户网站，首先映入眼帘的是满屏的广告；在报纸杂志上，最好的版面往往被广告所占据；在广播、电视等传统媒体上，广告总是在正常的内容播出时间打断观众的视听体验。

原生营销的崛起改变了广告的呈现方式，广告不再是人们兴致勃勃地享受媒介信息时的拦路虎，而成了日常信息接收的一部分。原生营销让人们"看不到"广告的存在，却在潜意识中将广告信息植入了他们的脑海。原生营销传播的广告信息是隐形的，品牌的特征偏弱，没有强制、浓郁的商业气息。消费者在正常的媒介体验中获取广告信息，而不是地被迫接受广告内容。《纽约时报》配合自制剧《女子监狱》的推广，制作了深度报道《面对女囚》，网民们出于对"女囚"的兴趣而参与和接受这样的深度报道。《女子监狱》的宣传只是这篇深度报道的赞助方，网民的阅读与接受体验并没有被打断。

在移动互联网时代，随着各种移动终端的普及和技术的成熟，除了将品牌信息完美地隐藏在媒介内容中，原生营销也会利用移动互联网以及手机应用来呈现广告内容。如宜家早在2010年就利用手机App软件推出新品家具目录：利用该软件的增强现实功能，用户可将目录中的家具模拟摆放到真实空间中，以此获得相对真实的参考价值。相比传统的广告形式，这样的信息呈现方式更加生动立体、直观真实，消费者也更容易接受。

（2）用户体验

对于消费者来说，传统广告表征明显，强制性特征突出，一眼就能识别出其强烈的销售意图和功利性特征。受众如果并不需要此广告信息，则极易对其产生厌恶、排斥心理，甚至会对其出现的媒介也产生负面情绪。在有信息需求时，消费者可以选择主动搜寻广告内容，而在没有信息需求时，绝大部分消费者会选择逃避广告——关闭网络弹窗广告，对报纸广告视而不见，在电视广告的播出时段换台或做别的事情……由此可见，消费者对传统广告的接受度较低，除非广告信息正好被需要或者广告创意足够精彩、足以吸引消费者的注意力。否则，很多时候，传统广告对消费者而言，只是日常生活中摆脱不掉的"信息垃圾"。

原生营销不强迫受众关注品牌信息，而是用受众感兴趣的内容引导其潜移默化地接受。当消费者出于自身的信息需求点击此类内容时，他或许已经知晓这是一则广告，但是他并不会因为看到广告而选择逃避，因为这条内容所提供的信息是他所需要的。所以，和传统的营销呈现方式相比，消费者对原生营销的接受度更高,因为那是他真实需要的东西,在他的需求范围内。这样的广告已成为有价值的信息来源,他不仅自己阅读、观看,还会主动分享给朋友。

(3) 广告市场格局

传统的广告价值链是单向的,广告主—广告公司—媒体—广告目标市场(消费者),广告的制作流程也相对规范。广告主将广告需求交付给广告公司,由广告公司进行广告创意和广告制作,然后交付给媒体,再由媒体将广告信息传递给消费者。互联网的出现改变了这种传统的广告市场格局,单一的线下广告市场分裂为线下和线上两个广告市场。数字技术与互联网科技的发展使线上广告服务商不断侵占传统广告公司的业务,以新媒体信息的受众为目标群体,开展线上广告运动。

原生营销以"用户体验"为核心理念,在执行过程中需要在快速的市场反应中创造出用户即时所需的整合效应与营销爆点,这就意味着传统广告制作流程的冗长、繁杂已完全不能适应原生营销的应用。原生营销的策划与执行需要一个整合平台,需要充分利用广告、媒体、公关的合力,创造出有价值并引发消费者兴趣的内容。随着原生营销理念的发展与进步,未来品牌营销的执行必将发生更为巨大、更具本质化的变革,传统广告公司与媒介公司必须为这样的变革做好充分的准备。

此外,未来场景时代的很多广告信息都将由特定的商家直接通过传感器、移动设备、定位系统和大数据功能传递给特定场景下有现实需求的消费者,移动设备的生产商以此收取少量佣金,广告公司并未参与其中。所以,整个广告行业的市场规则也将被不断颠覆。

(4) 广告效果测评

传统广告的测评体系秉持以产品和品牌为中心的测评理念,消费者对广告的接触频率是衡量广告效果的固定标准。传统媒体的到达率往往按照媒体本身的阅读率或收视率来计算,但这样的计算方式无法避免消费者对广告的逃避行为,因此统计数据容易失真。网络媒体广告效果最主要的测评指标是数据统计,如CPM(每千人成本)、CPC(每点击成本)等,相对于传统媒体的到达率计算来说,这些数据准确性更高,但依然无法体现真正的品效合一。

原生营销的广告效果测评注重品牌对受众的影响力，营销已经从原来的以产品、品牌为中心的时代，过渡到以人为中心的时代，所以原生营销的效果测评无法再用简单的到达率、点击成本等数据进行统计和评估。原生营销要求创造与消费者生活紧密相连、具有真正实用价值的品牌内容，这些内容对消费者的现实影响便成为衡量广告效果的关键因素。所以，虽然原生营销的广告到达率可以用传统的数据统计方式获取，甚至可以比传统广告统计得更为精准，但要想在短时期内真正衡量其广告效果却非常困难。尤其是在行为层面，由于广告信息的隐蔽性，消费者对广告内容的接受多是潜移默化的，因而在其认知与情感层面的效果测评相对传统广告更加困难。

2.原生营销的规模化之路

原生营销的崛起已经让广告主和媒介运营商看到了未来营销的趋势。然而，目前国内外市场上的原生营销内容参差不齐、形式多样，效果也众说纷纭。从整体上看，原生营销作为一种新兴的营销理念，还没有形成完整的业务体系。

虽说营销无定式，但正是精彩的创意和出人意料的形式，铸就了一个营销活动的成功与出彩。作为一种趋势化的营销业务，原生营销是否需要建立一个成熟的营销体系来指导和规范各种原生营销活动？原生营销是否需要走规模化的、程序化购买之路？这些都是需要研究的课题。

原生营销在内容上的价值性、在媒介选择上的适配性特点，决定了其目前很难进行标准化批量生产。

一个优秀的原生营销活动，其最大的价值就在于其在特定媒介所呈现的内容。这里的内容具有以下几个特征：

首先，它必须与投放媒介环境相适应、相匹配，它必须无缝隙地"隐藏"在浩瀚的媒介内容之中。如果将特定的媒介（比如新闻网站）比喻为一片沙滩，那么传统的媒介内容（比如普通的新闻内容）就应该是沙滩上数不清的贝壳，而我们希望游览这片沙滩的受众看到的原生营销内容也应该以贝壳的形式存在，而不是一匹突兀的斑马。当然，内容还有第二个同样重要的特征，那就是它在"外观"上必须比沙滩上别的贝壳更吸引眼球。起码要有让"游客"弯腰拣起来甚至带回家分享给亲朋好友的冲动。这样的"贝壳",才能在广袤的沙滩上俘获"游客"的注意力。

所以,我们针对不同的媒体、不同的广告主、不同的品牌信息,需要生产不同的营销内容,正如置身于动物园中的动物、植物园中的植物、海洋馆里的海洋生物。当前,我们无法批量制作一批内容去适配所有的场景,但我们可以打通各个场景,寻找其共性,看能否针对特定的产品和需求找到一个平台,实现程序化的交易。

目前,在市场上从事原生营销业务的主体一般有三类:一类是传统的内容发布商,如著名的社会化新闻网站BuzzFeed及其母公司《纽约时报》,此类组织的特征是它们的传统业务就是内容发布,在传统的广告形式与理念无法适应新的形势发展的情况下,它们选择成立专门的原生营销内容制作中心,为大广告主量身定制专业的原生内容,并以最合适的方式发布在自己的平台上,比如《纽约时报》成立的品牌工作室(TBrandStudio)、《大西洋月刊》的原生广告平台"Native Solutions"等等。财力雄厚的广告主和具有较大社会话题效应的内容一般会选择这类组织来策划、营销自己的原生内容发布活动,广告效果一般也更好,但是花费相对较大,且基本无法采用流程化的规模购买形式进行交易。

第二类是社交网站,以Facebook、Twitter、微博、微信为代表,它们同样是一个内容发布平台,只是此类网站上的品牌内容一般由广告主以社交的名义发布出去,以此与消费者进行情感上的沟通交流,其内容一般由广告主委托专门的社会化营销团队进行管理、发布,且内容也不全是与品牌密切相关的信息,有时候可能仅仅是一句简单的问候或一个令人印象深刻的小幽默。此类原生营销发布平台相对适合长期、日常的内容发布,同样也不适合规模化的业务交易。

第三类是新兴的广告平台商,他们以原生广告的形式将品牌信息进行跨平台传播,如原生广告的平台Sharethrough。此类组织最大的特点是它不仅可以将品牌内容以各种形式在各种媒介上进行适配性发布,从而实现营销的原生化,而且能够通过实时竞价系统,实现原生营销的规模化和程序化交易。这类平台是目前唯一能将原生营销理念作为一项规模化的专业广告业务进行经营的组织。

原生营销作为一个具有巨大发展前景的营销理念，必然需要规模化的产业链来支持其发展，否则就只能局限于小众化的营销形式。诚然，原生营销的本质特征决定了它形成产业链的难度较大，但是随着技术和数字信息科技的发展，未来的原生营销必然会走上规模化的道路。目前，上文提到的第一类内容发布平台虽然在原生营销领域走得最远，业务发展最全面，但其覆盖的媒介类型和内容产出的效率恐怕都无法满足未来市场的需求。第三类组织最有希望形成原生营销产业链，其发展前景无可限量。

3.原生营销的发展策略与问题规避

原生营销的风靡向世人展示了它的魅力，但同时它也必须面对很多问题。

首先，原生营销是否符合现在的广告伦理评判标准？对广告伦理问题的争议一直困扰着广告主和广告代理公司，在原生营销环境下，广告伦理问题将更加复杂。这里的广告伦理评判包括"误导"和"真实性"两个方面的问题。

一方面，是原生营销的首要原则——不干扰用户的媒介使用体验；另一方面，是广告法对"广告"的规定——"广告应当具有可识别性，能够使消费者辨明其为广告。大众传播媒介不得以新闻报道形式变相发布广告。通过大众传播媒介发布的广告应当显著标明'广告'，与其他非广告信息相区别，不得使消费者产生误解。"①原生广告不回避其作为广告的身份，在语境、内容等层面具有明显的识别性。

目前来看，原生营销所适用的媒介类型既包括免费媒体，也包括付费媒体；既可以利用分享、原创功能在社交网络上免费传播品牌信息，也可以通过付费的模式，交由媒介发布商发布。按照我国新《广告法》的规定，这些在大众媒介上进行传播的广告信息都需要清晰地标注"广告"字样。在国外，针对原生营销的"隐蔽性"特征，IAB（美国互动广告局）以及FTC（美国联邦贸易委员会）倡议，原生营销应使用"广告"标签，以确保费者知道这是由广告主赞助的内容。媒体通常会为原生广告贴上消费者能

---

① 2015年9月1日起施行的新《广告法》第十四条。

够识别的标签，比如：《纽约时报》对原生广告的内容使用"付费新闻"（Paid Post）的标签，《福布斯》使用"品牌声音"（Brand Voice）的标签，Buzzfeed使用"专题合作方"（Featured Partner）的标签，《华盛顿邮报》使用"品牌连接"（Brand Connect）的标签，而Facebook则使用"赞助故事"（Sponsored Stories）的标签。

无论国内、国外，无论免费媒介、付费媒体，想要完全"隐身"似乎是不可能实现的目标，因为原生营销作为一种营销方式，不能让消费者搞不清广告与新闻的界限，不能让受众将广告误解为一般性质的内容。由此，对原生营销的内容、质量提出了更高的要求——让消费者在明知是营销行为的情况下依然选择点击，依然愿意分享，依然持有好感，并最终选择购买产品或服务。

广告伦理问题的实质是对广告形式与内容的限制，是为了保护消费者的合法权益。而原生营销的初衷之一，也是不打扰消费者，在一个和谐的环境下将自己想要传递的有价值的信息传递给消费者。在这样的情况下，原生营销的广告主及发布商都需要进一步思考：如何在合法的情况下更好地传播营销信息？目前已有不少媒体发布商承诺自己的原生内容创作团队与新闻采编团队互不干涉、独立工作，并保证不会因原生营销业务而影响媒体的新闻道德。美国《大西洋月刊》在2013年未经审核发布了一则被误认为是新闻的原生广告内容后，遭到了消费者的强烈抗议。其后，《大西洋月刊》调整了其原生营销的业务流程，新流程要求所有的原生营销必须通过包括主编、销售、公关、法律部门在内的多部门评审，并开始使用更加醒目的"赞助内容"（Sponsored Content）的标签。

原生营销面对的另一个伦理问题是真实性。原生营销中"原生"一词的英文表述为"Native"，含有"真实"的意思。这里的"真实性"既包含了原生营销信息的"内容真实性"，也包含了其与消费者生活交互的"体验真实性"。原生营销的目的是将品牌信息润物细无声地灌输给消费者，强调广告渗透进受众的生活，为受众提供有价值的内容，与受众的生活圈和谐共处。但是原生营销也不能因此而走入误区——为原生营销而原生营销：为了全媒体的适配而创造出有悖真实性的营销内容；为了迎合消费者的喜好和分享热情而虚假地宣传品牌、产品；为了保证消费者的媒介使用体验不受干扰而刻意生产不符合事实的媒介内容。

原生营销的真实性问题来自两个方面：一是从事原生营销业务的组织机构。虽然目前尚无关于虚假原生营销业务的具体数据，但原生营销的前辈——网络广告的虚假率一直是困扰广告界的一大难题。《华尔街日报》在2014年发表的一篇报道称，美国因网络中的"虚假广告"而遭受的损失高达每年60亿—180亿美元。一些网站拥有超高的流量，但这些流量并非来自真实用户的访问，这些网站的拥有者一方面从广告主那里收取营销费用，另一方面通过代理机构取得多家网站的广告位，再将这些广告倒手卖给各种外围网站，从而获得虚高的广告流量，再拿着这些虚假的流量数据去和广告主谈判，从而获得更高的广告费用。

二是原生营销的广告主。广告主应该通过"内容真实"和"体验真实"的原生营销与消费者建立良好的关系，这方面有很多正面案例可供参考。可口可乐提倡"分享快乐"，从内容上来说，其营销宣传、广告活动无一不是在讲述分享快乐所带来的乐趣与美好。从体验角度入手，可口可乐并不止是在口头上谈论分享快乐，也不仅仅是在Facebook上用社交手法讲述几个温馨感人的小故事，或者在消费者观看视频时插播一段30秒的欢快广告。优秀的原生营销还需要"体验真实"：可口可乐在圣诞节让芬兰的孩子们为新加坡造雪；让在印度的人通过自动售货机为在巴基斯坦的人买一罐可口可乐；在节假日为无法托运行李的返乡人送上一张幸福托运签……每一个消费者的生活对于其个人来说都是真实而自然的，甚至可以说是其发自内心所喜欢或希望的。原生营销想要进入他的生活，就必须用这样的内容和体验来打动他，任何虚假夸张的信息都无法逃过消费者的双眼。有时，想要和消费者成为真正的朋友，就要适当忘记品牌，化身为一个真实的"人"，这比刻意地既想要"原生"又扭扭捏捏地想要"营销"更容易成功。

除了营销伦理问题，原生营销业务的发展也无法回避另外两个问题：对消费者隐私的侵扰和对媒介用户社交资源的滥用。

隐私是个人、群体或者机构自行决定将自身信息透露给另一方的时间、方式和程度。对于一个普通的网络用户来说，按照自己的意愿保留或清除自己在网络服务供应商处产生的数据痕迹是非常困难的，也是不现实的。这意味着海量的用户数据在受众不知情的情况下留在了网络上，而这些数据是否被提供给广告交易平台进行分享和挖掘，也无法由消费者自己掌控。

与粗放型的传统营销理念不同，原生营销强调定向投放，在海量的受众中找到品牌的目标消费者，原生营销之所以能做到精准锁定消费者，正是依赖其丰富、及时的用户数据。而这些用户数据的获得不可避免地会涉及隐私问题。当你在某个搜索引擎上以"出国留学"为关键词进行搜索时，那么接下来的一段时间内，当你浏览一些其他的网站时，关于"出国留学"的各种信息就可能会充斥你的屏幕。第一次遇到这样的情况，也许你会感到惊喜，这些网站居然"恰好"知道你最近的关注焦点。可是当你一次又一次地发现自己的搜索记录被这些网站"利用"时，会不会感到愤怒？

的确，并不是每一个消费者都在意自己的数据隐私，但不在意并不意味着广告主和网络服务运营商就可以无所顾忌地利用用户数据。用户所产生的数据在一定程度上可以为用户自身来带许多便利，这些便利可能会"麻痹"人们对数据管理的认知，人们认为这些利益的获取值得他们付出个人数据和信息。一旦这样的认知获得广泛的认可，那么，当人们有一天真正意识到自己的一切行为数据已经被完全公开和滥用时，局面便很难再度控制。未来，拥有和运营这些数据的公司和组织必须承担起相应的责任和义务，在处理这些数据时应告知消费者，在取得消费者的认可后再对这些数据进行分享、交易，或直接分析处理。《即将到来的场景时代》一书的作者提出，信任是新型的货币。未来能够茁壮成长的公司必然是最值得消费者信任的公司。如果我们连信任都无法赋予一个品牌，那么无论这个品牌如何向我们实施营销行为，我们都不可能选择它。

消费者自己也必须加强隐私保护的意识，行使自己的合法权利。新的场景时代的到来意味着科技对人的掌握程度将远远超过人类历史上的任何一个时期，人们在享受科技带来的利益的同时，也必须保持清醒的头脑，对那些侵扰数据隐私的行为说"不"。我们要有辨别的能力，更要有反抗的勇气。

原生营销的成长与不断进步、发展，必然会暴露出各种各样的问题。不论是广告主还是广告营销组织，都要对这些问题给予足够的重视。千里之堤，溃于蚁穴。未来，原生营销是互联网传播世界中昙花一现的"伪热点"，还是真正能够开创一番新天地的营销"真趋势"，取决于这些问题能否得到妥善的解决。

原生营销的发展壮大之路还很漫长，相关问题的解决也并非一朝一夕可以完成。广告主、媒介、消费者三方共赢关系的建立，也同样需要三方共同付出努力。广告主和媒介运营商要努力尝试消除原生营销对消费者可能产生的伤害，加强行业自律和行业监督；相关的立法机构要加强有关网络营销方面的立法，完善、健全相关的法律法规，为良好的网络营销环境奠定坚实的法治基础；消费者则要加强自己的权利意识，了解相关的营销知识，提升自己的媒介素养和广告素养，在必要的时候坚决捍卫自己的合法权益。

二、见微知著：原生营销的宏观趋势

翔实、深厚的理论是实践最有力的指挥棒，但有时候，理论的发展却常常无法跟上实践的脚步。尤其是在科技进步如此迅猛、创意产业蓬勃发展的今天，实践常常会走在理论之前。

未来是什么样？任何人都说不清。而未来在哪里？就在人们的心里。人们用心指导自己的行为，创造出未曾得见的未来。

原生营销的未来在哪里？既不在营销大师的大部头书里，也不在学者的长篇论文里，原生营销的未来就在我们上网时随意打开的一个网页里。

1.更加先进的技术支持

我们先来假定一个场景：

> 在不久的未来，一个叫艾伦(Alan)的人乘坐他的无人驾驶汽车前往一个陌生的城市。在艾伦的生活中，万物互联已经变成社会的基本现实，他与他的汽车是相互连接的，他的汽车与外界环境、他与外界的其他人也相互连接。虽然科学技术的发展让艾伦的生活与父辈们相比发生了巨大的变化，但他依然和父亲一样爱好咖啡、美酒和美食，和母亲一样对新鲜事物充满好奇，对价格敏感但又不吝于在喜欢

的东西上花费金钱与时间；同时，他还继承了家族无比糟糕的方向感和驾驶技术。好在，艾伦的汽车已经不需要他来驾驶了。

我们将见证艾伦在距离我们并不遥远的未来所发生的一系列生活场景，而这一切，均离不开技术水平的跃升。

艾伦的汽车不需要他来驾驶，因为智能汽车能够通过车载传感系统感知路面环境，自动规划行车路线，所以艾伦根本不必担心自己会走错路。

由于是去拜访重要客户，所以他昨晚因为压力有些大而没睡好。坐上车后，车内的情景感知技术能够与艾伦身上穿着的植入了人机交互系统的衣物发生连接，获取艾伦的各项身体机能数据，如心跳、血压等。在瞬时感知完毕后，车内的音响自动播放舒缓情绪的音乐，空调也开始慢慢散发出带有淡淡青草味芬芳的降压香气。这些音乐和香味都来自艾伦社交网络上好友的推荐和分享。艾伦很快在音乐和芬芳中感受到了平静。显然，他的身体在传递的信息是，我很喜欢这首歌和这个味道。此时，艾伦的电子购物车里出现了该音乐的专辑和该气味的空气清新剂产品。如果想要在下次旅途中继续听到和使用这两样东西，艾伦可以付费获取。同时，他也可以将它们分享给别的好友，这样在别人需要时，这两样东西也能出现在其智能汽车或其他环境中。

调整好心态后，艾伦顺手戴上了全新的Google眼镜，经过几代的系统升级与技术改良，艾伦手中的Google眼镜与今天我们使用的眼镜几乎没有差异，镜片能够根据环境自动变色以适应光线的变化，眼镜能够与使用者以及其他的智能产品直接连接。窗外的风景非常怡人，艾伦运用脑电波控制技术，轻松地用眼镜拍摄了几张唯美的照片，然后通过无线感应技术上传到社交网络。

汽车到达目的地后，自动根据艾伦的预约计算出艾伦还有半小时的空余时间，而根据艾伦的身体机能指标及往常的生活习惯，智能汽车向艾伦提出了前往咖啡店喝杯咖啡的建议。在提出建议的瞬间，通过精准定位技术，艾伦的汽车同时接收到了艾伦的客户所在地附近五家咖啡店发来的优惠信息和店铺简介。智能汽车通过智能算法过滤掉其中两家，向艾伦推荐了剩余的三家。艾伦最终选择了其中一家网络评价最好且以甜点闻名的咖啡店，通过人机交互程序，轻轻一挥手，向汽车发出前往咖啡厅的指令。

咖啡浓郁纯正，甜品香甜可口，与客户的会谈也非常顺利，艾伦提前完成商务之旅。第一次来到这座城市，艾伦又心情极佳，他决定在城区里逛逛。智能汽车自动选择了最近的一个停车场后离开了。

艾伦路过商场时看到某运动品牌在举行促销活动，于是他萌生了买件球衣的想法。通过携带的智能手机，艾伦将购买要求共享到商场的品牌云计算服务器里，瞬间就收到了反馈——备选品牌店铺地址导航、可供选择的商品编号、优惠信息等等。在店铺导航的指引下，艾伦不费吹灰之力便找到了一家合适的商店。面对琳琅满目的球衣，艾伦通过店内的体感交互试衣系统选择了各种场景模式，准确地预览了穿衣效果，体感屏幕上还贴心地为艾伦提供了搭配的球鞋、亲子球衣、情侣球衣等。通过AR(增强现实)技术，艾伦还帮自己的儿子买了件亲子球衣。而后，艾伦在商店扫描掌纹完成支付。APR(Augmented Pay Reality，增强支付现实)技术和IRS(Information Recall Secure，信息回溯保障)技术已经在艾伦生活的社会普及，出门购物无需携带现金或信用卡，刷脸、刷指纹或刷某个随身小物件均能轻松完成支付。

此外，艾伦的手机还发出询问，是否需要将他的相关个人信息(如购买要求、身高体重等)以及此次购物记录与该品牌的客户管理系统共享，以便该品牌在未来将促销活动、新品发布等信息及时告之艾伦。

刚开始，艾伦不太情愿将个人信息留在商家，但店铺内的智能机器人向他表示，品牌管理系统会保证其个人信息的绝对安全，仅作为客户关系维护之用，绝不会向第三方泄露。而且该品牌商店属全球连锁，日后，无论艾伦身在何处，都能享受相应的优惠福利。正在艾伦犹豫之时，店内的4D打印机将他刚才在体感系统上试衣时的一个场景打印了出来。相对于3D技术，4D打印增加了时间维度，打印出来的模型能随时间变化而改变。面对如此新鲜、有趣的赠品，艾伦非常喜欢，对品牌的好感倍增。不一会儿，Alan的朋友已在社交媒体上看到了他和4D模型的合影。

智能手机通过衣服纤维里的人机交互系统，发现他有些累，便向他推荐附近的休闲场所。于是，艾伦开开心心地又跑去大快朵颐。

上面的小故事看似遥远但又触手可及，其实变化发生的速度远远超过人们的想象。不可否认，我们正处在一场由技术革命所引发的营销革命之中。科学技术改变了整个世界，也改变了我们的生活与商业。或许你早已发现，生活日渐方便、简单：抬手看看胳膊，你看见的不仅仅有现在几点几分，还能看到血压、心跳、步数、去过哪儿、将要去哪儿等信息；戳戳手机屏幕，而不是站在马路边，就能打到舒适、便宜的车；手机导航不仅能精准地感应你的位置，还能带你去任何你想去的地方，并贴心地准备好目的地的各种信息——附近有什么商场，在做什么促销，有什么特色美食、特色风情是你绝对不能错过的……第三次计算机革命用肉眼看不见的无线网络将我们身边的万物连接了起来，科技改变了生活、工作方式，也改变了消费方式。

技术全面支持营销活动，为营销活动的开展和创意的实施提供了可能。营销的发展离不开技术，技术让许多曾经无法想象的事情在生活中成为现实，为消费者创造惊喜与宝贵的体验，从而帮助营销成为人们生活中一段美妙的体验。然而，技术是变化发展的，曾经风靡一时的高科技也许在一段时间后就成为过时品。但人性是不变的，人类普遍的消费心理是不变的，对更加舒适、便捷的生活的渴望是不变的，对美好事物的追求、对新鲜事物的好奇、对亲情、爱情、友情的追求都是不变的。所以，技术应该被视为实现营销的手段而非重点。今天的营销应该在技术层面思考人类的共性，如何最大限度地开发和运用技术去满足人类的基本或发展需求，从而达到营销的最终目的。今天，营销人员应该做的，首先是与价值主张相关联，了解客户的真正需求；其次是理解和把握技术的最新发展趋势，时刻准备用最先进的技术满足目标消费者的需求和自身的营销目的，而不仅仅是盲目地追求技术与创意，为了技术而营销。

移动互联网已成为未来"万物互联"的基础，人与人的连接、人与设备的连接、设备与设备的连接、人与商品服务的连接，都在移动互联网和移动设备的基础上完成。如果说"连接"是互联网的"精髓"，那么移动就是互联网的"翅膀"。没有携带任何移动设备的个人，在孤立环境下，与古人无异；而没有连接互联网的移动设备，也无非是一堆精心组合的原材料，无任何附加价值可言。

移动互联网带给消费者的不仅仅是生活的便利与简化，也带来了信息的过剩与冗余，人们已经对各种常规营销手段产生了免疫力。在后现代社会，消费者通过对产品和品牌的消费来塑造新的个人形象、展现自我价值，人们出于对个体自我身份的认同和自我实现的渴求产生消费行为。因此，今天的品牌为消费者提供的不再是单纯的物质和功能意义上的产品或服务，而是一种更加个性化的体验式感观。新环境、新时代，需要营销人员利用技术来突破常规，从消费者接触品牌、产品、服务的第一时间开始，就将其带入一个全新的世界。

2.更加全面的媒介组合

信息的传播离不开媒介载体，媒介是传播中不可或缺的中介元素。广义上来说，凡是能使人与人、人与事物或事物与事物之间产生联系或发生关系的物质都是媒介。著名媒介理论家马歇尔·麦克卢汉（Marshall McLuhan）认为，媒介是人体的延伸，媒介即信息（The Medium Is the Message）。

随着原生营销的发展，营销媒介的概念也将被颠覆，这种颠覆体现在两个方面：一个是媒体融合的大趋势，即全媒体的全面盛行；一个是媒介拓展，未来广告的投放媒介将远不止于今天我们所接触到的这些。

（1）全媒体的盛行

随着数字化革命的发生，人类已经进入媒介化社会。今天，我们在生活中接触到各种各样的媒体：我们在地铁上玩手机，在办公室翻报纸、上网、在家里看电视，在私家车上听广播。我们生活在一个媒介融合的时代，没有人会始终忠诚于一种媒介，也没有哪个媒介是不可替代的。今天，内容的跨平台整合已经成为媒介的常态，营销以各种媒介的特征为基点进行内容整合，实现各媒介之间的优势互补，全面提升传播的深度、广度和营销效果。

全媒体是一个伴随着媒介融合而产生的概念，旨在建构一个全新的媒介生产和传播技术平台，并以此演化为全新的媒介运营模式。全媒体作为一种媒介实践形态，对媒介内容的生产、传播、消费等传统形式产生了突破性的影响。

2014年8月18日，习近平主持召开中央全面深化改革领导小组第四次会议，审议通过了《关于推动传统媒体和新兴媒体融合发展的指导意见》（后文简称《意见》）。《意见》要求"强化互联网思维，坚持传统媒体和新兴媒体优势互补、一体发展，坚持先进技术为支撑、内容建设为根本，推动传统媒体和新兴媒体在内容、渠道、平台、经营、管理等方面的深度融合"。该《意见》的出台对"媒体融合"这一不可逆转的时代潮流适时做出了"背书"，标志着这一趋势在我国已经从微观的内容产品层面和中观的体制机构层面，上升到了宏观的国家战略层面。

未来，传统的文字、图片、音频、视频等元素不会简单地叠加，而会成为一个有机的整体。2012年，《纽约时报》网站制作了一期名为"Snow Fall（雪崩）"的全媒体报道，内容包括六个扣人心弦的故事，由《纽约时报》普利策获奖作家约翰·布兰奇（John Branch）撰写，此文的报道灵感来自对滑雪场上高死亡率的高度关注。六个故事通过交互式图片、采访视频以及知名滑雪者的传记等多元化方式呈现，将文字、图片、视频、动漫和交互式图形无缝融合，形成连贯的"叙事流"，自然流畅，方便易读，给受众带来了全新的在线新闻阅读、视听体验，获得了广泛赞誉。这一全媒体报道在发布后6天后就以出色的表现力获得了290万次的访问量和350万的页面浏览量（官方并未透露其自2012年12月至今获得的总流量），并摘取了当年的普利策"特稿写作奖"。

通用电气公司（General Electric Company，简称GE）是世界上最大的提供技术和服务业务的跨国公司。早在1906年，GE便开始在中国发展相关的贸易，但作为一家典型的B2B公司，GE品牌背后强大的产业链和工业创新却很难被为中国人所知悉。如何让GE的创新理念走进中国，让GE的产品被政府决策者和消费者熟知，是摆在GE市场营销人员面前的一个巨大问题。在一般人的理解中，工业化是高深莫测、冰冷严肃的形象，如何消除这些刻板印象，将GE的产品业务转化为用户主动关心的内容，对GE市场营销人员而言是一大挑战。

为了解决上述问题，凤凰网为GE量身打造了一个信息涵盖全面的"创新频道"，该频道以全球视角，第一时间呈现创新资讯、创新观点、前沿产品和行业信息，内容覆盖互联网、能源、医疗和科普探索等多个领域。在专业团队的运营下，"创新频道"将GE力图传播的产品技术、品牌理念等内容融入丰富的媒介表现之中；视频、图片、社交媒体等多元化的信息表达手段则让受众全方位地感受科技为生活带来的创意和改变。"创新频道"的开设使GE品牌的参与度提升了137%、喜好度提升了130.5%、预购度提升了37.4%、推荐度提升了130.6%，每天有超过65万人次浏览"创新频道"的内容。"创新频道"作为一个全媒体的信息发布平台，既满足了GE品牌的信息传播和品牌提升需求，又为消费者提供了一个全方位获取科技信息的平台。凤凰网和GE合作的这个原生营销项目，得到了GE高层和业内众多营销专家的认可与推崇。

除了以"创新频道"作为该原生营销项目的常规平台，2015年9月，凤凰网还联手GE推出了中国首部工业互联网纪录片——《无处不在的工业互联网》，以专业的拍摄手法和深入浅出的语言，深度解读当今社会正在走向的工业互联网时代，以专题的形式表现高度凝聚的工业智慧和时代变化的精髓，获得了极高的关注度和美誉度。

全媒体的传播满足了人类对于信息的全方位需求，同时大大拓展了人类的信息认知经验，提高了人类的媒体素养，实现了对媒体的全方位使用。未来，原生营销的传播与执行必然离不开全媒体的整合与运营。

（2）媒介拓展

现在，广告营销的媒介载体相对单一，传统媒体包括报纸、杂志、电视和广播，新媒体则主要包括网络、手机、数字电视及各种社交平台。未来，麦克卢汉所谓的"媒介即信息"很有可能成为现实。未来，媒介性质的拓展将重新定义人们获取信息的方式方法。

在未来原生营销的发展过程中，人既可以是消费者、传播者，也可以是传播媒介。营销信息通过人们的社交分享互相传递。罗辑思维的创始人吴声就在其著作《场景革命》中，将分享定义为获取，将人定义为新的传播渠道。在特定的场景中，人们借助彼此的信任和人格"背书"、分享信息。这些分享进而形成人们的社交价值，增加信息的信用度，从而形成一种良性循环。有价值的信息会被更多的人分享和传播，而传播越广，信息的价值就越高，营销的效果就越好。所以说，以人为媒介的传播方式将在未来成为原生营销的主流传播模式。

除了人，技术为媒介的拓展同样奉献了不可小觑的力量。未来，可穿戴设备将成为人们生活中不可或缺的一部分。人们可以不看电视不看报纸甚至不上网，但是人们将离不开可穿戴设备。可穿戴设备在未来将不仅仅是一种便携式的硬件设备，更是一种通过数据交互、云端交互等软件支持所构成的媒介设备。依托于大数据、传感器及定位系统的可穿戴设备将在未来代替以智能手机为代表的传统移动设备，成为人们生活中采集信息和进行互动的第一设备。在原生营销时代，广告策略已经由信息轰炸转为适时的场景解决方案。借助强大的定位技术和传感器，可穿戴设备能够精准地锁定用户的现实需求，并通过大数据分析和支持，为其提供最合适的解决方案，商品和服务的信息由可穿戴设备发出的信号所控制，也由可穿戴设备所接收。未来，人们将无须在传统的媒介上寻找和接收广告信息，因为一旦有需求，可穿戴设备便将及时感应具体情况，选择最合理的信息交由用户决策。

3. 更具价值的营销内容

在原生营销的世界里，广告即内容，内容即广告。其实，不论是传统的广告理论还是今天的互联网广告思维，广告内容永远是创意发挥最精彩之所在，内容的好坏直接决定着消费者对产品的好感度。再炫再酷、再前端的技术手段，再隐蔽、再含蓄的广告形式，如果没有内容作为创意的核心，消费者依然不会买单。原生营销被视为内容营销的发展，其精华之处自然也离不开营销内容的全面升级。

未来原生营销的内容趋势必须符合以下几个特征：

（1）以目标受众为中心，内容生产全部从目标受众的兴趣点出发

互联网的本质特征是以"人"为中心，人是互联网的核心，人创造信

息、传递信息、分享和改造信息。原生营销的实质就是以人为中心的内容营销，未来的原生营销强调的将不仅仅是营销方式的创新、媒介表现的融合，更是一种内容上的全面"用户中心化"。

2014年索契冬奥会期间，《纽约时报》网站上一则题为《与美国国家队一起旅行》的原生广告吸引了众多目光。页面展示了一幅美国地图，用户只需将鼠标放在某一州的范围内，网页就会向用户展示从1980年到2012年期间，该州有多少位冬奥会选手以及获得过多少枚奖牌。如果不是这则广告上标注的"Paid Post"字样，用户完全可以将其理解为网站特意为冬奥会制作的一个小游戏，而且这个小游戏应景、有趣，能在短时间内迅速补充阅读者的冬奥会小知识。轻轻一点、一看，说不定待会儿就能跟朋友们在闲聊中脱口说出咱们州有多少运动员参加过冬奥会呢，倍儿有面子！而广告页面上对于真正的广告主美联航的描述只有轻描淡写的一句——"在过去30年里，美联航为美国国家队运动员提供全程支持"。从美联航的角度来说，每个州有多少运动员参加过冬奥会跟自己的品牌、服务信息几乎是没有关系的，把自己的广告全部让位于这样的信息似乎并不明智。但从消费者的角度而言，消费者浏览《纽约时报》网站的本意并不是想去看美联航的广告，他不在乎美联航想说什么，而在乎当时正在进行的冬奥会的相关信息。

《纽约时报》为美联航打造的这则原生广告很好地向我们展示了以用户需求为导向的营销内容的重要性。如果只是干巴巴地告诉消费者美联航在过去30年为美国国家队运动员参加比赛提供了全程支持，那对此感兴趣的受众恐怕不会太多，更无法给消费者留下深刻、鲜明的印象。但是，如果邀请消费者与美国国家队一起旅行呢？如果在特定的时间段内向消费者展示他很可能会感兴趣的内容呢？那他不仅会参与美联航所提供的互动，还会自然而然地对美联航留下一个不错的印象——原来这么多州的国家队运动员都是坐美联航去参加比赛的，服务质量肯定不会太差。

（2）营销内容以价值为导向，真正影响消费者的生活

什么样的内容才是消费者真正愿意接受的？如果原生营销的内容依然是假大空的自嗨口号、高大上的溢美虚词，那么再完美的媒介呈现、再精准的用户数据跟踪，也挽救不了一场注定会失败的营销活动。现在，哪怕是在楼

道里贴小纸条的"广告人",都知道在单子上印几句诸如"出门别忘了带钥匙"之类的贴心提示,试图以此打动楼道里来来往往的住户。这些小广告虽然形式落后、制作粗糙,也可能不会有太好的效果,但它显然掌握了一个正确的趋势——走心的内容更能打动消费者。

互联网时代,网络用户早已不再简单地满足于被动接收信息。用户自己生产信息和内容,并且主动传播分享,才是如今以及未来网络信息的发展趋势。对于主流媒体的新闻报道,用户也渴望拥有主动权,希望能够将发生在自己身边的新闻通过互联网传播到世界各地。英国知名新闻媒体《卫报》与本国4G电信公司EE合作,打造了一款名为"卫报目击者"(Guardian Witness)的应用程序。"卫报目击者"号称是全球第一款公民记者行动软件,它鼓励全世界的读者主动参与、提供世界各地的实时新闻,同时由"卫报实验室"指派编辑团队参与该软件的运营,设定相关的主题,鼓励读者互动参与。作为《卫报》旗下的知名内容营销平台,"卫报实验室"杰出案例频出,其产生的项目不仅获奖无数、受众参与量惊人,而且真正达到了广告主希望通过这个软件所达到的目标——使读者通过4G科技与整个世界相连。《卫报》拥有大规模、高质量的读者群体,这些读者的新闻信息发布欲被"卫报实验室"敏感地捕捉到并恰当地运用到了其原生营销的洞察之中。通过一个严肃的平台生产自己的新闻内容,并第一时间分享给影响力较大的读者——这就是用户的需求。不论是发布内容的人还是接收内容的人,都能从这个平台上得到自己所需要的价值——这就是一个成功的原生营销必须具备的要素。

(3)内容合理合法编辑、恰当投放,融入媒介环境和生活场景

现在的消费者早已不再是大众传媒刚刚兴起或互联网刚刚走进日常生活时那些对信息求之若渴的普罗大众。不论是今天还是未来,信息的数量都远远超过人所能接受的极限,我们今天和未来都将生活在一个信息严重过剩的世界。所以,我们必须思考,消费者连正常的信息都来不及看、看不完,他又怎会愿意把时间花在广告上呢?

原生营销需要解决的核心问题就是如何将有价值的广告内容融入用户的媒介使用体验和生活场景中,使品牌化的内容成为对消费者有价值的"信

息"。从消费者感知的角度来说，品牌传递的广告信息分为两种：一种是劝服型广告，另一种是信息型广告。对消费者来说，劝服型的广告内容与传统的说服型广告没有区别，因而他们自然会产生忽略、抵触、排斥的情绪；而信息型的广告内容为消费者提供了有价值的信息，娱乐八卦也好，科学知识也罢，都会使消费者产生积极的情绪，从而产生注意力，并可能引发分享、记忆、购买等后续行为。

在凤凰网为GE度身打造的"创新频道"里，浏览者常看到这样的标题：

《未来的移动医疗什么样？》

《首例换头术将在中国发生？》

《机器人若取代了你的工作，别难过，跟你的智商没关系》

面对这种引人入胜的表述，不论是拥有高学历的科技工作者还是普普通通的社会大众，都会好奇地点击，一看究竟。很多时候，信息型广告的目的不是直接促成交易的完成，而是与受众进行良好的信息沟通，塑造品牌形象。

未来，原生营销的核心价值在于其内容的信息性、及时性。或许在未来，人们的生活中将没有广告，有的只是有用的信息——某个问题的解决方式。通过定位系统、数据处理，人们所携带的移动设备将感知人们所处的场景，从而随时随地为人们提供需要的内容。没有人会在繁忙的街道上想要停车时拒收一则附加有停车信息的商铺短信；也没有人会在炎热的郊外，为收到一则关于附近冷饮小卖部地址的信息而恼火。没有人向你发送广告，只是为你提供了一个你当时所需的解决方案。

4. 身份更加模糊的消费者

消费者对广告的期待是什么？广告主对广告的期待又是什么？媒介希望从广告中获得什么？

一名普通的消费者一定希望自己能通过最简单的方式，获得最真实、有效的产品信息、服务信息；一个广告主则一定希望自己的品牌、产品能通过最经济、有效的方式传递给目标消费者，并最终转化为销售；而作为媒介运营商，能在不影响消费者正常使用媒介平台的情况下，创造出深受消费者喜爱的广告，并从中获取相应的广告费用，无疑是其最理想的运营模式。美国互联网营销专家查克·布莱默（Chuck Brymer）认为，互联网营销的本质就是用最小的投入，准确地"链接"目标顾客，用完美的创意，实现强大的口碑，以影响目标群体。

在原生营销的发展过程中，传统的营销对象在形态和身份上都发生了根本的变化。

在形态上，原生营销的对象正在从"大众"转化为"小众"，从"个人"转化为"社群"。

过去"广告传播"被视为"大众传播"的一部分，广告的覆盖面越大，获取广告信息的消费者越多，广告的效果就越好。而今，信息超载的情况已经大大超出了人们可接受的范围。正如约翰·沃纳梅克（John Wanamaker）那句名言："我知道在广告上的投资有一半是无用的，但问题是我不知道是哪一半。"原生营销的目标之一，就是减少这些不必要的浪费，将广告主的钱花在真正有用的营销对象身上。

个性化消费时代的消费者依然是"大众"的一部分，但真正能打动他们，使他们愿意消费的场景却变成了具有亚文化性质和特点的社群部落。在特定的社群中，人们能够找到一种自我确认和心理暗示，能够用社群身份来定义自己独一无二的社会身份。有人说今天的大时代就是由无数的小时代所组成，无数的小众群体组成了大众群体。当一个亚文化圈能够界定你的身份与情感，能够为你带来真正的自我认知和存在感时，你会发现自己很容易成为其中的"铁粉"。面对这样的"铁粉"，营销的成功率将超乎想象。

我们身边有太多这样的人，他们愿意为一个小小的玩具一掷千金，愿意为一款游戏夜夜通宵，愿意飞往千里之外的欧洲只为看一场足球德比，愿意省吃俭用只为看一次偶像的演唱会。网格化的流行成为我们这个时代的特征，也成为营销的趋势和切入点。当原生营销的内容符合这些社群的亚文化表征和价值观念时，这个社群的成员便会自动成为这些内容的传播渠道，信息在社群内的传播速度和深度更是远超其在大众群体中的速度和深度。社群成员间的人格信任背书与社群身份价值感将成为营销成功的关键所在。

在营销对象的身份方面,"消费者"这三个字的内涵在新时期也发生了巨大变化。2012年11月,整合营销之父唐·E.舒尔茨在访问中国的演讲中表示:"我们需要建立一个以消费者为主导的,具有交互性的新营销体系。"过去,营销人员将消费者视为"受众"——一个接收信息的被动群体;而今天,消费者已成为"合作者"——一个接收信息同时也输出和传播信息的主导性群体。

原生营销通过合适的媒介和大数据技术,将符合消费者兴趣爱好的内容传递给特定的用户群体,然后通过用户将信息传递给相关群体。用户变成新的渠道,分享成为传播的神经中枢,而分享的最大主体正是人。消费者通过分享形成自己的社交价值,通过参与与品牌形成情感的共鸣。未来,原生营销的对象将不再只是单纯的购买者,而是品牌的倾听者、合作者,营销的对象同时也是营销的参与者。微信红包、滴滴打车券、小米粉丝论坛等等成功的商业运作案例都告诉我们,消费者的参与和分享已经成为现代营销的关键环节。原生营销必须把握这样的关键性趋势,将消费者视为伙伴、朋友,让消费者掌握主导权和话语权,才能在未来的营销战中立于不败之地。

图书在版编目(CIP)数据

原生营销:再造生活场景/金定海,徐进著.—北京:中国传媒大学出版社,2016.7
ISBN 978-7-5657-1669-0

Ⅰ.①原… Ⅱ.①金… ②徐… Ⅲ.①营销—研究
Ⅳ.①F713.3

中国版本图书馆 CIP 数据核字(2016)第 060647 号

原生营销:再造生活场景
YUANSHENG YINGXIAO:ZAIZAO SHENGHUO CHANGJING

著　　者	金定海　徐　进
策　　划	欣　雯　王立贺
责任编辑	李　明
特约编辑	吴冰冰　张　倩　吕育苗　杨婷婷　朱　婷
	樊建敏　梅　洁　顾海伦　吴云学
责任印制	阳金洲
封面设计	杨　飞
出 版 人	王巧林
出版发行	中国佞媒大学出版社
社　　址	北京市朝阳区定福庄东街1号　邮编:100024
电　　话	86－10－65450528　65450532　传真:65779405
网　　址	http://www.cucp.com.cn
经　　销	全国新华书店
印　　刷	北京易丰印捷科技股份有限公司
开　　本	710mm×1000mm　1/16
印　　张	12.5
版　　次	2016年7月第1版　　　2016年7月第1次印刷
书　　号	ISBN 978-7-5657-1669-0/F・1669　定　价　49.00元

版权所有　　翻印必究　　印装错误　　负责调换